自己カウンセリングとアサーションのすすめ

平木典子 著

金子書房

目次

はじめに

――自分とつき合うとは

あなたは自分とうまくつき合っていますか?

自分の思う通りにならない自分を粗末に扱ったり、嫌いな自分の部分を切り捨てようとしたりしてはいませんか。そして、粗末に扱ったり、切り捨てたはずの部分が、あいかわらずそのまま自分の中にあることに気づいて、がっかりすることはありませんか。がっかりしたあげく、その自分を嫌いになり、再び粗末に扱うといったことはありませんか。

自分を嫌い、自分につらく当たって、当たられた自分に惨めになり、さらにその自分を嫌いになっていくといった悪循環に陥ってしまうと、自分がどんどん小さくなっていきます。これは、自分とうまくつき合っていないことからくる自分の資源を失っていくプロセスです。

一方、自分とうまくつき合っている人は、自分の資源を粗末に扱ったり、見捨てたりせず、それを自分らしく生かそうとしています。その資源とは、人と比べて頭がいいとか、何か特別なことができるといったことだけではなく、自分が生まれつき持っている能力とか、他者《ひと》と違っているところ、好きなところ、伸びたところ、積み上げた成果など、誰にでもある自分の資源です。つまり、他者と比較して優れたところではなく、自分が持っているさまざまな特徴の中から、自分らしさとして認め、選んだ資源のことです。それらは他者に勝っていることもあるでしょうが、他者と比べたら劣っていても自分が好きなところ、自分らしいと思うところです。そのような資源を自分で大切に育んでいる人は、自分とうまくつき合っている人なのです。

他者と深くつき合える人は自分ともうまくつき合える

私たちは、他者となじみ、うまくつき合い、共に生きようと努力しています。つき合うためには、その人をよりよく知ろうとし、やりとりをして分かり合うための術を探し、お互いのやり方に慣れ、違いを受けいれつつ慣れた方法や新たな方法を使ってその人とのつき合いを進めようとします。

なかでも、他者とのつき合いが好きな人は、いろいろな人とつき合うことを意気に感じ、友だちづくりに時間とエネルギーをかけ、つき合いに努力を惜しまず、その結果つき合いを楽しみ、ますますつき合いが上手になっていきます。

一方、他者とのつき合いがそれほど好きではない人もいて、そんな人はつき合いはあまり上手ではありません。人づき合いが好きではないことが分かっている人は、あまり多くの人とはつき合わず、むしろ少数の気の合う人との親密なつき合いを楽しみます。ただ、それ以外のつき合いを除外するのではなく、誰とでも親しくなろうとはしないものの、誰とでもある程度のつき合いができるように、下手なりに努力し、つき合う方法を身につけています。多くの人とは親しくならなくても、そして友だちは少なくても、それを不満に思うことなく、自分の世界で楽しみます。こんな人は、他者とのつき合いは下手でも、自分とのつき合いは上手です。

自分とは一生のつき合い

自分とのつき合いは、他者とのつき合いと違って一生続きます。他者の中でも、親や職場の上司、同僚などとは、簡単につき合いをやめることはできませんが、それでも一生ということはありません。ましてや、その他の人とのつき合いはやめることも選ぶこともできます。ところが、自分とのつき合いは一生ものであり、どんなにつき合いにくく、嫌いな自分でも、どうにか折り合いをつけて、一生やっていくしかありません。また、嫌いでも、好きでも、自分を自分たらしめている部分を切り捨ててしまうことはできません。それに、もし自分の嫌いなところだからといって、粗末に扱ったり、見放したりすると、成長のチャンスも失ってしまいます。たとえ他者があなたを嫌ったとしても、自分が自分を嫌ってしまっては、自分が可哀想なだけだし、自分を好きになるチャンスを見逃すことになります。だから時には、自分を外側から眺め、自分の特徴を十分知って、その自分の面倒を自分でみる必要があるのです。

自分とうまくつき合うことは、ある心理学者の言葉を借りるならば、「自分と友だちになること」です。つまり、友だちをつくる時と同じように、まず自分をよく知り、その自分になじみ、長くつき合っていくことです。

本書は、自分を嫌いな人、他人の中で「何となく生きにくい」と感じている人、今の自分を変えたい人、もっと自分を好きになりたい人など、これから自分とうまくつき合って生きていきたいと思っている人たちのために書かれました。

自分とつき合うために、そして他者ともつき合うための前提として、自分はどんな人間なのか、自分とつき合うとはどんなことなのか、どうして自分とのつき合いが下手になるのかなどについて述べ、自分の特徴とクセを探るヒントにします。そして、自分とつき合うことと自己表現（アサーション）の密接な関係について再考することで、自分とのつき合いをよりうまくする手だてを見直し、自己成長のチャンスを広げます。

自分とうまくつき合うための第一歩は、自分を自分から一度突き離して見てみること、自分を外から見る目を養うことです。早速、その作業を始めることにしましょう。

♣

Chapter I

自分とは何者だろう

――自分さがしのメカニズム

自分とうまくつき合うには、「今・ここ」での自分への気づきが必要です。また、日頃から自分がどんな人間であるのか、自分の性格や行動の傾向を知っていることが大切です。つまり、日頃から自分を確かめ、それを表現し、その結果を吟味するというプロセスと、さらに、そのプロセスで分かった自分を、一貫した特徴として認識していることが必要です。それは自分とうまくつき合うことの基礎であり、そこから他の人とのつき合いにつながっていきます。

人間関係が苦手な人、自己表現がうまくできない人は、上手な言い方やうまい方法を探ろうとしがちですが、やり方や方法の前に必要なことは、自分とうまくつき合うことです。自分がつき合うことができる自分ならば、その自分を表現することにあまり抵抗がないでしょう。さらには、他の人にもその自分につき合ってもらいたい、受けとめてもらいたいと要求しやすくなるかもしれません。この章では、自分とつき合うために、まず**自分を知る試み**をしてみたいと思います。そして、自分を知ると、どれほどつき合いやすくなるかについて考えてみましょう。

1　20の「私」で探る「私は誰か？」

人の行動は何で決められるか？

私たちは周囲の人々や事がらに関してさまざまなことを知り、その知識に基づいて自分の行動を決定しています。同じように、自分自身についても過去の経験に基づいて自分を捉え、その捉えた自分を頼りに、自分の次の行動を選択しています。自分が持っている自分自身についてのイメージや捉え方のことを自己概念といいますが、自己概念は自分の言動のよりどころです。つまり、自分はこのような人間である、このようなことができる、このような時このような言動をとる、これは好きでこれは嫌い、といった自分についての概念によって自分の言動を決めていくわけです。そして、自己概念は自分の成長を促進する働きと、自分の成長を阻止するような働きがあります。

性格テストで自分のイメージを探ってみよう

それでは、私たちがどのような自己概念を持っているかを探るために次のテストをしてみましょう。

「私は……です」という文章を、20書いてみましょう。「あなたは誰ですか」ときかれたとして、違った答を20書くわけです。どんなことでもかまわないので、自分について自分が知っていること、自分が思っている自分について20の文章を書いてみましょう。なかなか思いつかない人もいるかもしれませんが、少し時間をかけても文章は20書いてください。その次の作業に入る前には、必ず20書き終えていることが大切です。

1　私は
2　私は
3　私は
4　私は
5　私は

6 私は

7 私は

8 私は

9 私は

10 私は

11 私は

12 私は

13 私は

14 私は

15 私は

16 私は

17 私は

18 私は

19 私は

20 私は

さて、自分について20の文章を書き終えたら、次にその文章についていくつかの側面から検討してみましょう。

① 氏名や男女のような自分の外面的な事実について書いた文章はいくつあるでしょうか。自分の性格や自分の考えていること、感じていることなど、自分の内面について書いた文章はどれくらいあるでしょうか。それは、あなたにとってどんな意味があるでしょうか。

② 人に知られたくないことでも、どれくらい正直に書いているでしょうか。

③ 自分の長所について書いたものと自分の欠点について書いたものを比較すると、どのような割合になっているでしょうか。

④ 現実の自分を表現した文章と、自分の憧れや理想を表現した文章の割合はどうでしょうか。

⑤ もし自分を5つの文章で紹介するとしたら、20の文章の中からどれを選びますか。まず5つを選んで下さい。次に、それを上位から順に並べるとどんな順番になりますか。それらの5つの文章は先ほど書いた20の文章の中の何番目に書かれたものから選ばれているでしょうか。

自分の特徴が明確になる

これらのことを検討してみると、あなたの特徴が少し明確になってくるのではないでしょうか。自分のことを家族や友人たちにも20書いてもらい、わかち合ってみると、さらに自分という人間の特徴が明確になります。

①の検討では、自分をあらわすのに自分のどのような側面（事実か感じ方か）から見ているか、外面的な事実と内面とどちらを重視しているか、それは自分にとってどんな意味を持っているかなどを知る手がかりが得られるでしょう。

②は、自己開示の程度をあらわします。すなわち、人に知られたくないことでも自分が知っている自分を表現しているか、あるいは自分が知っていても隠しておきたいことは表現してないか、検討してみましょう。もし、隠しておいたことで、自分を表現することがあれば、それを思い出してみると、自己理解の助けになるでしょう。

③では、自分のどんなところに気づいていて、それをどんなふうに受けとっているかが分かります。長所と欠点がほぼ半々の人は、自分を比較的公平に評価しているでしょう。長所より欠点が多い人は、自分を厳しく、あるいは欠点だけで評価して、長所を見るのを忘れていたり、軽視している可能性があります。また、長所が多い人は、楽天的に自分を

受け入れている人でしょう。

④は、③とも関係しますが、自分を自分の現実の姿で表現する人と、自分の理想追求の姿勢であらわしたい人の傾向がでてきます。両方あるのが人間の姿ですから、両方あって当たり前ですが、若い人ほど理想が多くなる傾向があります。また、がんばっている人、上昇志向の人は理想的なことへの関心が高いでしょう。現実の姿を書いている人は正直に、ありのままの自分を書こうとしたのかもしれません。ただ、理想が多少あった方が自己の向上につながるでしょう。

⑤は、自分が大切にしていること、自分らしさなどの指標になるでしょう。それが、20の文章の何番目に書いてあったかによって、自分の傾向が分かるかもしれません。大切なことをいつも意識し、前面に出そうとしている人は、比較的早い段階のところに書いてあるでしょうが、大切にしていることは心の奥深くにしまっている人、後から出すという人は、後の方の文章から選ばれているかもしれません。そんなことに関係なく、後で考えたらあちこちに大切なことがあったという人もいるでしょう。

以上のこと以外にも、気づかれたことはいろいろあるに違いありません。それらすべてが自己理解の手がかりです。

特徴に善し悪しはない

ここで大切なことは、今見てきた特徴は、あなたの特徴であって、善し悪しはないということです。もし、あなたが特徴を検討する中で、善し悪しの判断をしているとすれば、それもあなたの特徴でしょう。つまり、自分の書き方に対して、自分で善し悪しの判断をしたということであり、あなたにはものごとを見る時にそのような判断をする傾向があるということです。たとえば、外面的なことの方が内面的なことより多かった時に、それを良くないと思ったとするならば、あなたは、内心、内面的なことをもっと書きたかったということかもしれません。また、長所よりも欠点が多い場合、あなたは自分を理解する時、長所よりも欠点の方をより気にしているということであって、必ずしも、あなたには長所より欠点の方が多いということではないわけです。その事実はあなたの現在の自己理解の状態を表現しているだけです。

善し悪しの判断とは、世の中の常識やあなたの価値観、理想に合っているか否かの判断です。つまり、あなたの判断の基準に従えば、結果が良かったとか悪かったということはいえますが、自己概念そのものに善し悪しはありません。あなたの基準で結果を判断しているわけで、それもあなたの傾向、特徴ということでしょう。

とくに、⑤の自己概念のベスト5は、おそらくあなたを表現する大切なことでしょうから、それはあなたの特徴をあらわしている重要なものとして記憶しておきましょう。

ここでいう自分を知るとは、自分の長所も欠点も含めてありのままの自分を知ることです。そこには、過去に経験した自分と同時に、将来成長していくであろう自分を知ることも含まれます。そして、自分とつき合うことは、両方の自分とうまくやっていくことを意味します。

2　自己評価のクセに気づく

自己評価だけでは現実の自分はわからない

自分が知っている自分には、さまざまな側面が含まれています。しかし、その表現の仕方には、自尊心や自己卑下、自分自身についての好悪の感情がともないます。つまり、自己概念には、自分のものごとのとらえ方も表現されるわけです。

自分を防衛的、自己卑下的に見ていると、その側面を表現しやすくなります。したがって、現実の自分よりも否定的な側面を表現する可能性が高くなり、どちらかというと、控えめで、遠慮した態度になります。逆に、自分を積極的、肯定的に見ている人は、そういった側面を表現しやすく、自信満々で、自尊心を持った態度になるでしょう。

そう考えると、自己評価というものは自分の評価の傾向もあらわしますので、純粋に客観的とはいえないことになります。たとえば、自分が受けた性格テストは、そこに自分を見る傾向が反映されて結果が出ているので、その傾向を含めて理解することが重要になるわけです。

ポジティブな見方で自分を変える

自分を否定的に見る傾向は、周囲から否定的、消極的に評価されてきた結果が影響しています。それに加えて、自分もその評価を正しいと受けとり、自分自身で否定的に自分を評価し、消極的な自己概念をつくっていくということはよくあることです。そうすると、自分の否定的な面ばかりを見て、それを自分だと思い込む可能性があるわけです。そんな人は、自分の長所をあらためて探ったり、短所と思っていることの裏面を考えたりしましょう。たとえば、自分は神経質で、気が小さいという面の裏は、細かいことに気がついて、用心深いということです。そちらを生かすことは、大切なことです。また、周囲の人に自分のいい面を見てもらったり、ほめてもらったりすることが助けになります。否定的、消極的にものごとを見たり言ったりする人の側には寄らないことです。

自分を積極的、肯定的に見る傾向は、周囲からプラスの評価を受け、大切にされることで強まるでしょう。それに加えて、自分でも可能性や好きなところに注目し、自尊心をもって捉えようとすると、肯定的な自己概念がつくられます。しかし、必要なしつけもされず、甘やかされて育った人の場合は、自分のマイナス面は見ようとしなかったり、無視していることもあります。マイナス面にまったく目が向かないことは、可能性や理想を持たないことにつながり、進歩や成長の余地がなくなります。そんな人は、時には正当な批判を得ることも大切でしょう。

3　ありのままの自分を知り、その自分を大切にする

最大限の努力をして、ありのままの自分を知る

自分を知るということは、今述べたような自分のとらえ方の傾向も含めて、プラスとマイナスの両面を含めてありのままを知ることです。できるならば、自分以上でも自分以下でもなく、さまざまな側面を自分の特徴として受けとめ、等身大の自分を理解したいものです。

ありのままの自分を見るよりは、理想の自分になろうと頑張っている人は、否定的、消極的に自分を見る傾向になります。理想の自己には到達してない自分の側面ばかりを気にしていると、ダメな自分を強調しがちになるからです。もっとも、ありのままの自分が努力したり頑張ったりしない自分の場合は、当然評価は下がるでしょう。

ありのままの自分を知るためには、自分ができることはどこまでできるか最大限の努力

をしてみて、きちんとできることを確かめる必要があります。また、自分ができないことは、やり直し、改良、工夫をして成功するまで試みるとか、できないことを確かめてあきらめる必要があります。できないことがわかった時は、がっかりするでしょうが、それも自分なのです。だから、できないことはできないこととして受けいれ、そのことは、その後しなければよいし、頼まれても引き受けなければよいわけです。その時は、自信をもって断ることができるでしょう。つまり、頼まれた時、できるかできないかわからないまま、自信がないから断るのとは違います。自分のこれまでの体験の中から導き出したできないだろうという予測のデータを元にして断っているので、引き受けられない申し訳なさはあるものの、その断り方には自信があるわけです。

自信は経験でつくられる

自信とは、自己信頼であり、自分を当てにすることです。当てにできる自分とは、自分の選んだことに最大のエネルギーを集中してやってみた結果なしには見えてきません。選んだことが自分に適しているかどうかも、そのことに一生懸命になり、その結果成功するか、失敗するかを見極めることなしには分からないのです。結果が、自分の適性がないことを示した時、初めて諦めることができるのです。努力が無駄になることを心配して、何もしないでいると、自分を確かめない分だけ自信にはつながりません。時間の無駄を心配するよりも、何かに自分をコミットさせたその体験とプロセスを財産にしましょう。それはありのままの自分を知る貴重な体験になるのです。失敗すると自信がなくなると思い込んでいる人、失敗を恐れて何もしない人、失敗しないようにものごとに中途半端にしか関わらない人などは、全力投球しないゆえに、自分を見定めることができなくなるでしょう。確かに失敗はしないかもしれませんが、自分を理解できず、自分の実力を知らないことになりますので、いざという時に、自分に対する判断基準がなく、戸惑ってしまうのです。

ありのままの自分を受け入れる

人は、無駄かもしれなくても、自分を試し、失敗したり、成功したりしながら、自分の実力、ありのままの自分を知っていくのです。その自分とは、自分以上でも、自分以下でもない自分であり、その自分を一番よく知っているのが自分です。その自分は、誰が何と言おうと自分が大切にしたくなるでしょう。それが、自己受容、自己尊重です。自己受容とか自己尊重は、頭がいいからとか、美人だから、他の人よりも何かができるから、誰かに立派だと言われたからという理由でするものではなく、ありのままの自分を知って、掛け値なしのその自分を大切にしようとすることなのです。ありのままの自分は、他の誰とも違い、この世で唯一無二の存在であるゆえに、慈しみ、育てたいと思えるのです。

♣

Chapter II

ありのままの自分に出会うには

——自分とつき合うための第一歩

第Ⅰ章では、自分とは何かを探るために「20の私」について検討し、自分さがしのメカニズムについて考えました。そして、自分を知ることは、ありのままの自分を理解し、その自分を大切にしていくことだということが分かりました。それでは、**ありのままの自分に出会うには**どうしたらいいのでしょうか。ここでは、自分を大切にする鍵となる人間の精神活動をいくつかとり上げ、ヒントを得ていきましょう。

1　自分の気持ちをつかむ

「いま・ここ」での気持ちに気づく

まず、自分を知る重要な鍵は、自分の精神活動の中の気持ち・感情に気づくことです。気持ち・感情はその時、その場で感じることですから、誰でも、今・ここでの気づきとしてとらえることができます。

たとえば、今この本を読みはじめたあなたは、どんなことを感じているでしょうか。「等身大の自分を知ったらますます自分が嫌になりそうでいやだな」と感じている人もいるでしょうし、逆に興味津々、「おもしろそうだ」と思う人もいるでしょう。心地よいソファに座って読んでいれば、リラックスした気分になっているかもしれませんし、通勤電車の中で立ち読みをしている人は「疲れたなあ」という気分になっているかもしれません。

このように、感じや気持ちはその時の自分のさまざまな状態をありのままに知らせてくれる信号ですし、その場その場の自分の特徴を知らせてくれるサインです。同じことに対してでも、人によっては異なった感じを持つことがあるので、感情はまさに人の特徴を明瞭に表現しているといえるでしょう。つまり、感じ方は自分らしさの理解と自己表現の手がかりになるわけです。

感情に善悪はない

本来、気持ちとか感情に善悪はなく、どんな感情も健全なものです。人間は、喜怒哀楽などバラエティに富んだ、微妙で繊細な感じを持つことができ、それが人間を人間たらしめているといっても過言ではありません。一般に、うれしいとか楽しい気持ちは味わいたいと思い、そのような気持ちになるような状況や場面を好ましいと思います。しかし、腹が立つとか、恥ずかしいとか、不安な気持ちを起こさせる場面は敬遠されますし、嫌がられます。つまり、感じの中には好きとか満足など、どちらかというと快の系統に属し、積極的に味わいたいものがあると同時に、嫌悪、不満など、どちらかというと不快の系統に属する避けたいものがあります。だから、感情には善悪があるように勘違いをしてしまうのでしょう。

マイナス感情も人を育てる

また、「殺したいほどの憎悪」とか、「はらわたが煮えくり返るような恨み」など、一人では対応し切れない感情もあり得ます。このような感情は悪であると決めつけたい気持ちにもなるでしょう。しかし、このような激しい、破壊的ともいえる感情は、実は早期に気づくべきマイナス感情に気づかず、抑圧したり、ためてしまった後で、あふれ出てくるもので、実は、もとは「好きでない感じ」や「困った感じ」であったことが多いのです。

どんな感情も、基本的には、人間のあり方に広がりや、深まり、まとまりを与える機能を持っていて、体験や成長の重要な要素になります。どの感じは持ってもよいとか、どの感じは持ってはいけないということはないのです。

現実には、さまざまな場面でさまざまなことが起こっていて、いつも良い気持ちだけを味わえるわけではありません。人生にはさまざまなことが起こりますし、そこに生きる人間は、微妙な違いのある、さまざまな感情を持つことができます。人が生きていく上では、良い感じだけを味わうわけにはいかないのです。むしろ、さまざまな感じを味わうことが人間らしいことであり、その体験によって自分の内面が豊かになり、他の人の気持ちが分かるようになると考えることが大切でしょう。問題は、人間が感情を持つことではなく、感情がきちんととらえられなかったり、抑圧されたり、歪曲されたり、悪用されたりすることです。

自分が起こしている感情に気づく

感情は、その時、その状況の中で、自分が起こしているものなので、臨んだ場面でどんな気持ちになるかが、自分の特徴をあらわす信号です。自分を知ることの第一歩は、さまざまな場面で、善悪の区別をつけることなく、自分が起こしている感情をできるだけありのままにとらえてみることです。感情は、「今・ここ」の自分の気持ちなので、同じことに対しても、同じ人に対しても変わることがあります。どんな時に自分はどんな感情を持つのでしょうか。それに気づくことは、その感情を起こしている自分を知る大きな手がかりです。

たとえば、友人からプレゼントをもらった時、うれしい気持ちになったとします。その気持ちには、プレゼントへの興味とか、あなたにプレゼントをしようと思った友人への関心が入っているでしょう。友人に対する積極的な気持ちやそれを表現したい気持ちなどもあるでしょう。

逆に、友人からのプレゼントに対してうれしい気持ちになれない時、その気持ちには、プレゼントをもらうことへの負担とか友人への関心の薄さ、嫌悪感、プレゼントにこめられた下心を感じるといったことがあるかもしれません。

「思い込み」にとらわれない

また、部下が命令に従わない時、すぐ腹を立てる上司とそうでない上司がいます。腹を立てる上司は、「部下は自分の命令に従うべきだ」と思っていることが多いものです。それを守らないのは悪いことで、そんな部下に対しては腹を立てて当たり前、怒ってよいと思っている可能性もあります。相手を自分の思い通りに動かそうとする攻撃的な上司でもあります。

いきなり腹を立てない上司は、命令は守ってほしいのですが、「従うべきだ」とは思っていません。だから、「命令に従わなかったことには何か訳があるのだろうか」「どうしたんだろう」と考え、がっかりしたり、困惑することはあっても、すぐ怒る気にはなりません。命令が守られなかった訳を分かろうとするので、その結果、部下の状況や自分の命令の仕方の不十分さがはっきりしてくるかもしれません。それに対応しようとすれば、怒ることだけにはならないのです。もし、部下が命令を無視して怠けていた場合は、叱ることもあるでしょう。つまり、叱ることは、相手が仕事に無関心であったり無責任であったりすることに対して、職業人としてあり方を問うことであって、自分の怒りの感情をぶつけることではありません。もし、部下が不注意だったことが分かった時は、そのことを指摘し、今後のための指導をすることになるでしょう。

つまり、すぐ腹を立てる上司は、自分の思い込みによって感情を起こし、その感情で相手を操作しようとしている可能性があります。しかし、すぐ腹を立てない上司は、まず、命令を守って欲しい気持ち、守られなかった時のがっかりした気持ちを正直に受けとります。その気持ちに気づくことで、そうならないためにはどうしたらよいか、そうなったのはなぜなのかを考えようとします。思い込みからくる怒りの気持ちと「今・ここ」での率直な困惑の気持ちには大きな違いがあります。だから、「思い込み」に汚されてない率直な気持ちに気づくことは、よりよい関係をつくることに発展するわけです。思い込みについては、次の節でさらに詳しく考えます。

嫌な気持ちへの対処法

自分の気持ちに気づくことは、自分のものの見方や対人関係の持ち方などを知るチャンスになります。また、正直な気持ちに気づくことができれば、怒りや腹立たしさの中には思い込みに基づいたものがあることが分かったり、本心を正直にとらえると、実は、困惑や落胆、好ましくない気持ちだったことが分かります。そして、好ましくない気持ちとは、相手のせいではなく、自分が好ましくないと思っていることを示しているだけであって、本来、相手に文句をつけたり、相手に怒りをぶつけたりするべきことではありません。むしろ、相手には自分が好ましく思っていないことの内容を伝えてみることが大切です。嫌な気持ちは発散させるだけでは意味がないのです。まずは、自分の正直な気持ちに気づき、次にそれをどうしたいかを考えてみましょう。もし、その後も嫌な気持ちを味わいたくないのであれば、嫌な気持ちになったことを伝え、相手に違う行動をとってくれるように頼むことができます。そんな対策をとることができれば、その結果、いい気分でつき合うこともできるのです。気持ちに気づくことに失敗すると、かえって悪い気分になることもあるわけです。

「感情を抜きにして話し合おう」などといいますが、それはコンピューターのようになることではなく、思い込みから起こる感情をぶちまけるのでもなく、「今、ここ」の気持ちを相手にわかるように表現することを意味しています。冷静に話すことは、感情抜きに話すことではなく、自分の感情だけにとらわれたり、感情で相手を支配しようとしない話し方です。むしろ、話し合いには感情をきちんと把握し、大切にすることが不可欠です。そうすることで、いわゆる「感情的」にならず、有効な話し合いができるのです。

正直に感じとることからはじめよう

自分が感情豊かに生き生きとしていれば、さまざまな場面で、細やかに感情を持つ可能性があり、それを無視することはできないでしょう。自分を知るには、どのような時にどのような感じになるか、その気持ちを自分に嘘つくことなく感じとることが必要です。感情は自分らしさの源であり、それこそが自分の特徴をあらわすからです。その中には、嫌な感情もあるでしょうが、それを消したり、捨てたりしないで、正直に感じとるよう努めましょう。自分の気持ちや感情に気づいて、自分らしさを知り、自分とつき合う手がかりにしましょう。

2　自分の考えやものの見方を知る

考えのもととなる原則

自分とつき合う第二の手がかりは、自分がどんなことを考えているかを知ることです。

人は幼い時からことばを使って知識を吸収し、知識を使って実際に動いてみて、その結果をふり返り、ものごとの成り立ちについて論理的に理解します。その理解をまた応用してみて、同じ原則が他のものにも応用できることを学びます。ある原則が他のものにも応用できると、その原則は一般化され、より広い範囲に応用できることが分かります。

このようにことばと知識と思考力を駆使して複雑なこと、抽象的なことを考え、原則をつくる能力を持っているのが人間です。その能力は、高度な科学や文化の発展を促し、人間に精巧な技術と便利で豊かな生活をもたらしました。

たとえば、初め人間は、具体的な一つのこと、たとえば、じゃがいもを食べている動物を見て、それが食べられるものであることを知ったでしょう。火を発見した人間は、「じゃがいもを煮る」ことを試し、それに成功すると、米や肉など他のものも煮てみたでしょう。「煮る」ことや「焼く」ことが、食べ物を柔らかく、食べやすくし、日もちをよくすることも発見したでしょう。つまり、具体的な一つの試み、食べられるもの・食べ方は、他の食べられるもの・他の食べ方へと広がり、多くのものに当てはまる原則ができ、一般化されていくのです。そして、その原則を覚えると、さらに他の多くのことに当てはめてみて、応用範囲や行動範囲を広げていったのです。

原則は体験でつくられる

しかし、人間のこの能力は、私たちの具体的な日常生活、特に人間関係の場面において、落とし穴をつくることがあります。一般化された原則が必ずしも当てはまらないことにまで、当てはめてしまう時です。

たとえば、自分のしたことをよくほめられ、いい気持ちを味わい、やることがますます上手になった経験をした人は、ほめられることは気分のいいものだ、なるべくたくさんほめられるようなことをやろうと思うでしょう。母親がほめてくれたことを覚えていて、ほめてもらえそうなことを考え、実行するかもしれません。さらに、ほめられるといい気分になる自分の体験をもとに、人をいい気分にするためにはたくさんほめてあげよう、それはその人の助けになると思うかもしれません。

ところが、同様にほめられても、本心から出てないおだてるような言い方をされたり、通り一ぺんの儀礼的なほめ方だったり、ほめられた後で用事を言いつけられたりして、ほめることに下心があることを体験した人は、ほめることは白々しいお世辞であり、操作だと理解するかもしれません。つまり、ほめられることは傷つけること、ほめることはよくない、ほめることで人の気分は悪くなるという考えを持っている可能性もあります。

このように、同じほめるということについても、その人の体験によって、異なった考え方がつくり上げられます。同じ行動の裏にも、時にまったく逆の考え方、解釈があり、その考え方をもとにして、一人ひとりの表現と行動がとられます。自分の考え方を知ることは、自分の体験と自分の思考傾向を確かめることにつながり、それは自分を知る手がかりになります。

「思い込み」は理想化された原則

このような思考傾向は次のような原則をつくります。

たとえば、幼い時に、私たちは親との経験の中から次のようなさまざまな考え方を身につけます。「母親に言われたことはきちんと守る必要がある」「言われたことを守らないと父親に嫌われる」「嫌なことでもしなければならないことがある」「父に反対すると叱られる」「母が嫌がるようなことを言うと母は傷つく」「母には反抗しても大丈夫」「努力するとほめられる」「人を喜ばせることはいいことだ」「きちんとすることは気持ちがいいものだ」「思い通りにことが運ぶと気分がいい」などです。

このような考え方は同じ人との生活の中で強化され、確固とした、理想的な原則や思い込みになっていきます。たとえば、「母親に言われたことはきちんと守る必要がある」は、保育園に行って「保母さんに言われたこともきちんと守る必要がある」になり、いつのまにか「言われたことはきちんと守る必要がある」だから「自分が言ったことも、他の人は守る必要がある」となって、「言われたことはきちんと守るべきだ」となるといった具合です。また、「母には反抗しても大丈夫」と思っていた子どもが、保育園に行っても小学校でも反抗を放任されていくと、「反抗は見逃される」「自分の思い通りにやってもよい」「思い通りにことは運ぶはずだ」という考えを持つようになるかもしれません。

これらの考え方は、初めは特定の人との関わりの中では有効であり、現実的だったのです。ところが、それが他の人にも当てはまる体験をし、自分の欲求や理想が加わると、次第に一般化され、理想化された原則になっていきます。この考え方は、必ずしも誰にでも、どこでも当てはまることではないのですが、いったん一般化されてしまうと、その理想や「べき」という原則の方がひとり歩きしてしまい、現実に合わないのに、その原則の方が当然と思うようになります。「言われたことはきちんと守るべきだ」という原則を持っている上司は、部下に命令をしたら「はい」という返事が返ってくるものと思っていて、その返事が返ってこなかったら、腹を立てるかもしれません。逆に、その原則を持っている部下は、命令されたことに疑問があったり、自分の側に応じられない事情があっても、原則を守って、無理をしても従おうとするでしょう。

つまり、自分の考え方、ものの見方は、自分の感じ方や言動に影響を与えます。私たちの言動は、自分の性格傾向とまわりの影響との相互作用の中でつくられていきますが、考え方、ものの見方の影響も大きいことが分かったでしょう。

現実に合った考え方に変える

ものごとがうまくいかない時、自分の言動がぎこちない時、がんばっても満足した結果が得られない時、他人の言動に腹が立つ時には、自分の考え方、ものの見方が理想的に過ぎたり、非合理的ではないかチェックしてみることを勧めます。そうである場合は、考え方を現実に合ったもの、合理的なものに変えると、少し楽になります。

私たちが持ちやすい理想的原則、非合理的考え方には次のようなものがあるといわれています。

「人には好かれなければならない」

「ものごとはきちんとすべきだ」
「人を傷つけてはいけない」
「思い通りにことが運ばないのは致命的だ」
「ものごとはあってはならない」

人には好かれるに越したことはないし、誰でも好かれたいと思いますが、好かれなければならないことはありません。実際、誰からも好かれることは不可能です。

ものごとはきちんとできるに越したことはないのですが、人間は不完全ですから、失敗することもありますし、いつもいつもきちんとする必要もないのです。

人を傷つけたくはないものです。でも、傷つけまいとしていても傷つけてしまうことはありますし、傷つけまいと必死になって関係をおそるおそる結ぶよりも、傷つけた場合は結果をフォローしようと積極的に関係を結ぼうとする方が現実的です。

自分の思い通りにことは運ばないものです。他人を自分の思い通りに変えようとしても、それも無理です。相手は変わりたい時に変わるのであって、あなたの思い通りになるわけではありません。

そして、人は皆違っているので、時には葛藤もありますし、もめごとも起こります。葛藤やもめごとがあることが悪いのではなく、それを解決することが重要なのです。

自分を知るということには、自分の言動がどのような考え方に従って出ているかを確かめることが含まれています。考えを確かめ、ものの見方を明確にすることによって、非合理的な思い込みをチェックし、より自分の生きやすい考え方を発見して、自分とつき合いやすい考え方・ものの見方を身につけていきましょう。

3 自分の言ったこと・したことに気づく

ことばと行動を一致させる

自分とつき合う第三の道は、自分が今言っていること、行っていることに注意を向けてみることです。特に注意を向ける必要があるのは、言語と行動の不一致です。言動が不一致の時、多くの人は相手に理解されなかったとか、ものごとがうまくいかなかった、自分がすっきりしなかったと感じます。それが不一致のヒントであり、信号です。このような時は、自分の表現したいことや感じていること、考えていることが適切にことばや行動に出ていない可能性があり、感じていること、思っていることと言動にズレがある時です。

たとえば、にこにこ笑いながら「怖い」と言われたとしたらどうでしょうか。その人の本心は分からないか、どちらか一方の側面しか理解されないかになるでしょう。つまり、受けとった人は、平気だから笑っているのか、本当は怖いのか、そのズレに戸惑うでしょう。あるいは、笑っている方を受けとって「平気なことにしておこう」となるか、「怖い」と言った方を受けとって「怖いらしい」となるかでしょう。いずれにしても、よく分かってもらえないことになります。

笑顔で「怖い」と言った人は、その矛盾、その両方を表現したかった可能性があります。もしそうであれば、「怖いけれども、平気になりたい」とか、「ここは笑ってすませたいのだが、本当は怖い」とか、心の中の二つの感情を、そのニュアンスも含めてありのままに言語化した方が正確に伝わるでしょう。

矛盾した気持ちをことばにしてみよう

矛盾とか両面の感情はあってはならないことではなく、私たちの日常ではよくあることです。むしろ、私たちの日常は白黒をつけられるようなことの方が少なく、両面の気持ちや両面の考えが起こることのほうが多いのではないでしょうか。だから、時には決断して白か黒かいずれかを選ぶ必要もあるのですが、そのままグレイの状態を表現してみることも大切です。多様な考えや気持ちがある時、決めかねて迷っている時、矛盾した気持ちのどちらも大切にしたい時、いろいろ検討したい時などは、一つの答えを出すことは困難ですし、その必要もないでしょう。そんな時は、そのまま言ってみる方が、分かってもらいやすくなります。「あなたと映画にも行きたいけれど、家族と一緒に過ごしたくもあって迷っている」とか、「少し考えさせて下さい」と言ってみることです。

言動の矛盾やズレを認める

自分の言動の矛盾やズレに気づき、自分の気持ちや考えを確かめることは、自分をよりよく知る大きな助けになります。それがあなたのありのままの姿だからです。すべての矛盾やズレをなくして無理に一つの答えを出そうとするよりも、矛盾やズレを認めて、そのまま表現した方がすっきりすることもあるのです。おもしろいことに、矛盾した気持ちや、決められない気持ちを一度表現してみると、どちらかに決めやすくなることもあります。自分の中であれこれ考えるだけでは同じところをグルグル回っているだけですが、表現をして出口がみつかると、決断ができやすくなることもあるからです。

自分の言動に気づくことは、自分が正しいことを言い、正しい行動をしているかを監視することではなく、自分の気持ちや考えをありのまま率直にうけとり、それが表現されているかを確かめることです。正しさからは、型にはまった、一般的な言動しか出てきませんが、ありのままの言動には、その人らしさが表現されるものです。

自分らしさを知って、その自分を認めることが、自分とうまくつき合う出発点になるのです。

♣

Chapter III

自分の特徴を知る

——人との違いを受け入れるために

この章では、自分とのつき合い方を考えるために、つき合う対象である**自分をどう理解するか**考えてみましょう。感じ、考え、行動する自分は唯一無二の自分になっていきますが、その自分をめぐって人はさまざまな取り組みをするのです。

1　感情・思考・行動のバランス

表現でみる3つのタイプ ―― 感情型の人・思考型の人・行動型の人

人間は、感じ、考え、行動する動物です。

自分とつき合うことは、この3つの心の動きをできるだけ率直に、ありのまま理解し、それぞれの動きを受けいれて、自分らしい部分を慈しみ、育てることです。そして、この3つの活動は別々に存在するのではなく、お互いに影響し合って私たちの動き全体をつくっていきます。赤ん坊の時は泣くことと眠ることしかできず、それが自己表現でもあった人間は、成長するに従ってこの3つの心の活動をその人らしい、その人なりのやり方でまとめて、表現できるようになります。感じること、考えること、そして行動をどのようにまとめるかによって、その人の特徴やその人らしさがつくられていくのです。

ここでは、3つの表現のまとめ方について、まず典型的なタイプをとりあげて、それぞれの特徴を理解することにしましょう。

典型的な3つのタイプとは、「感情型」「思考型」「行動型」です。

① 感情型の人

・プラス面

いわゆる「感情型」の人は、思考、行動よりも感情・気持ちが優位に立ちます。考えたり、動いたりするよりも、気持ちに敏感で、感情を重視し、その表現も豊かです。

率直で、素直な表現をする「感情型」の人は、満足すれば「うれしい」と大喜びしますし、それ以外の時でも「悲しい」「腹が立った」など感情をあらわすことばを使って表現します。落ち込んだ時は、暗い顔をして黙り、人に会うことも避けます。ものごとのとらえ方も、気分が良くなるか悪くなるかが鍵になり、それで評価します。また、もし感情に触れるようなことがあると、まず感情やそれを表わす動作が出てきます。たとえば、うれしいことがあると「ワァー」と喜び、悲しいことがあると泣き、腹が立つと怒鳴ります。表現が率直で、素直なので、他の人には生の感情が伝わり、分かりやすくもあります。そして、気持ちを表現したことで本人はすっきりしますので、嫌な気持ちなどを後々まで引きずらないですみます。

・マイナス面

ただし、極端な場合は、激しい感情に周囲を巻き込み、その勢いで他人を支配したり、操作したり、脅えさせたりすることもあります。本人はすっきりするかもしれないのですが、巻き込まれた人は感情をぶつけられて、迷惑することもあります。

そして、「感情型」の人が、率直に、素直に自分を表現できない場合は大変です。いろいろ敏感に感じているのですが、それを表現することを抑えて、伝えないわけですから、人には分かってもらえませんし、発散することもできず、自分の中にたまっていきます。表現しないことで後々まで気持ちを引きずり、胸の中は一杯になり、自分の感情に自分が圧倒されていきます。その結果は、欲求不満やストレスの蓄積となり、たまり過ぎると一気に吹き出たり、激しい八つ当たりになったりします。いわゆる「キレる」行動には、たまった怒りや欲求不満が出てしまったものもあります。

・「感情豊か」と「感情的」は違う

「感情型」の人は、感情豊かで、感情に敏感な人です。しかし、「感情豊か」に生きることと「感情的」になることは違います。「感情的」とは、感情を優先して、自分の気分・気持ちでものごとを判断し、感情に走ることをいいます。つまり、考えるとか、動いてみるといった自分の他の能力をほとんど使わずに、主として感情を使ってことを進めようとする態度です。「感情豊か」に生きることは、感情に気づき、感情を大切にして、それを必要に応じて表現し、わかち合おうとすることです。感情が豊かな人は、その利点を生かし、自分らしく表現していくことが大切でしょう。

② 思考型の人

・プラス面

「思考型」の人は、感じ、行動するよりも、考えることを大切にする人です。「考えてからでないと行動しない」とか「考えても行動しない」人がいますが、そんな人は一般に冷静で、慎重なタイプの人です。このタイプの人は、考えないで行動することやすぐさま感情をあらわすことは軽率で、主観的、非論理的なこととして敬遠します。ものごとを進める時は、しっかり観察してデータを集め、論理的に分析・検討してから判断すべきだと思っています。ものごとの筋道や論理を追求しようとしますので、理屈が通っていて、合理的な説明をすることが得意です。懇切ていねいな説明や、論理的な解釈に優れ、知識と論理を必要とする場面で、大いに活躍します。また、データを重視した冷静な判断力に対して、周囲の人々からも信頼されます。

・マイナス面

ただし、極端になると、コンピューター人間のように味もそっけもない、データ重視の理屈っぽい人になります。外目には情緒に乏しく、「血も涙もない」人のように見えたり、面白味に欠ける人と受けとられたりするでしょう。

また、コツコツとデータを積み上げて、考え、結論が出てからでないと行動に移さず、観察と思考には優れていても、行動力に欠けることにもなりかねません。気軽に「とにかくやってみよう」とか、勇気を出して試してみるといったことがなく、新しい状況や危機に対する臨機応変さに欠け、身動きができないことにもなりかねません。

「思考型」の人も「感情型」の人と同様、その長所を生かしつつ、それ以外の自分の側面も活用するよう心がけることが必要でしょう。

③　行動型の人

・プラス面

「行動型」の人は、ともかく動くことが好きです。「考えるより行動」と思っていますし、新しい場面、新たな情報など、関心を引くものがあれば、すぐさまそれに飛びつきます。「ものごとはやってみないと分からない」「やってみてから考えればいい」と思っていますので、ものごとにとりかかるのも早く、行動的で、勇敢で、積極的です。新しい店がオープンしたと聞くと、すぐ行ってみますし、新製品が開発されたら、使ってみたくなります。冒険心や好奇心に富んでいます。

また、自分を抑えてしまう「感情型」の人と違い、感情も、身ぶり手ぶり、声の調子や大きさなどを動員して表現します。したがって、感情を抑えている人や考える人よりも、はるかに周囲には分かりやすいことになります。

・マイナス面

しかし、極端になると、行動しても、ふり返って反省したり、結果を整理したりせず、やりっ放しになります。その結果、成功も失敗も身につかず、行動したことの成果は実りません。瞬間の体験や、行動にエネルギーを集中させることになるため、刹那的にもなります。じっくり考えて、ものごとを深く追求することもなければ、気持ちをしみじみ味わうこともなく、落ち着いた、深みのあるふるまいとは縁遠いものになります。

まわりにとって行動型の人は、気軽で、行動的で、その瞬間は生き生きしていて、分かりやすいので、羨ましくもあります。また先頭に立って動いてくれるのでありがたい面もあります。しかし、その反面、いきあたりばったりで、頼りにならないこともあり、間違うと後に従った者も玉砕することになりかねません。

「行動型」の人は、時に立ち止まって、自分の気持ちを味わったり、じっくり考えたりすることも必要でしょう。

3つの側面をバランスよく育てる

人は、それぞれ自分が得意なこと、大切にしたいことを持っていて、それを育むことで個性や自分らしさ、特徴をつくっていきます。ただ、無意識に自分のある面だけを伸ばしていると、他の側面を育て損なうことがあります。あるタイプになることは、その人のある側面が強調されてあらわれることであり、その人の特徴を示していることですが、極端になると欠点にもなります。せっかく人間は、感じ、考え、行動することができるのですから、ある程度は3つの側面を育て、時と場に応じて発揮できるようにしたいものです。

感情型の人は、いきなり感情を出すのではなく、時には自分の感情をあらわす方法を考えたり、人の反応を観察したりして、適切な判断をともなった表現をする努力も必要でしょう。思考型の人は、慎重にならなくてもいい時には、まず動いてみるとか、感情に気づき正直に表現したり、我を忘れて何かに興じてみることも大切でしょう。行動型の人は、立ち止まって考えたり、感情を味わう時間をとりましょう。

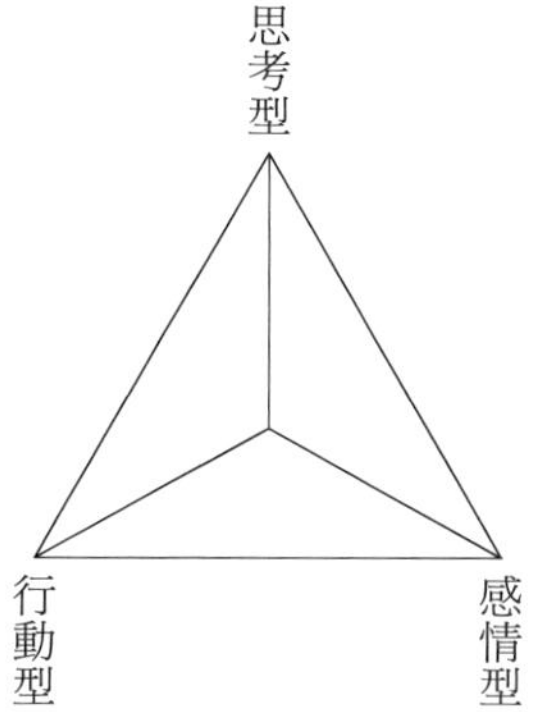

図1　感情・思考・行動のバランス

あなたは図1に示した三角形のどこに自分を見つけるでしょうか。点が中心にこなければならないわけではないのですが、より中心に近いほど、バランスのとれた自分の活用の仕方をしているということになるでしょう。理想をいうならば、TPOに合わせて動けるようになることでしょう。

2　理想の自分と現実の自分

理想と現実を区別する

あるカウンセラーが自己理解について、次のような考え方を紹介しています。自分とは「理想の自己」と「現実の自己」によって成り立っているというのです。そして、図2に示されているように、「ありたい自分」すなわち理想の自己と「実際に動いている自分」すなわち現実の自己とは、ズレているのが普通だということです。

ありのままの自分を知るには、理想の自分と現実の自分を分けてみることも助けになります。私たちは誰もが理想の自分と現実に経験している自分を持っています。そして、その2つは、時にズレることがあります。「今夜は早く寝て、明日は早起きし、出かける前にゆっくり時間を取ろう」（理想の自分）と思っていても、夜は遅くまでテレビを見てしまい朝食も食べずに出かける（現実の自分）というようなことです。

なぜ自分に不満を持つのか?

図2の2つの円が重なっているところは、「ありたい」自分と「実際の」自分が一致しているところです。こうありたいと思っていることが実際にできているので、満足している部分とも考えられます。もし、Aのように2つの重なりが少なく、ズレが大きいと、「こうしたいのに、実際はできない」といったジレンマがあることになります。そのようなことが何度も、いつまでも続いていると、理想の自分と現実の自分のズレは埋まらない

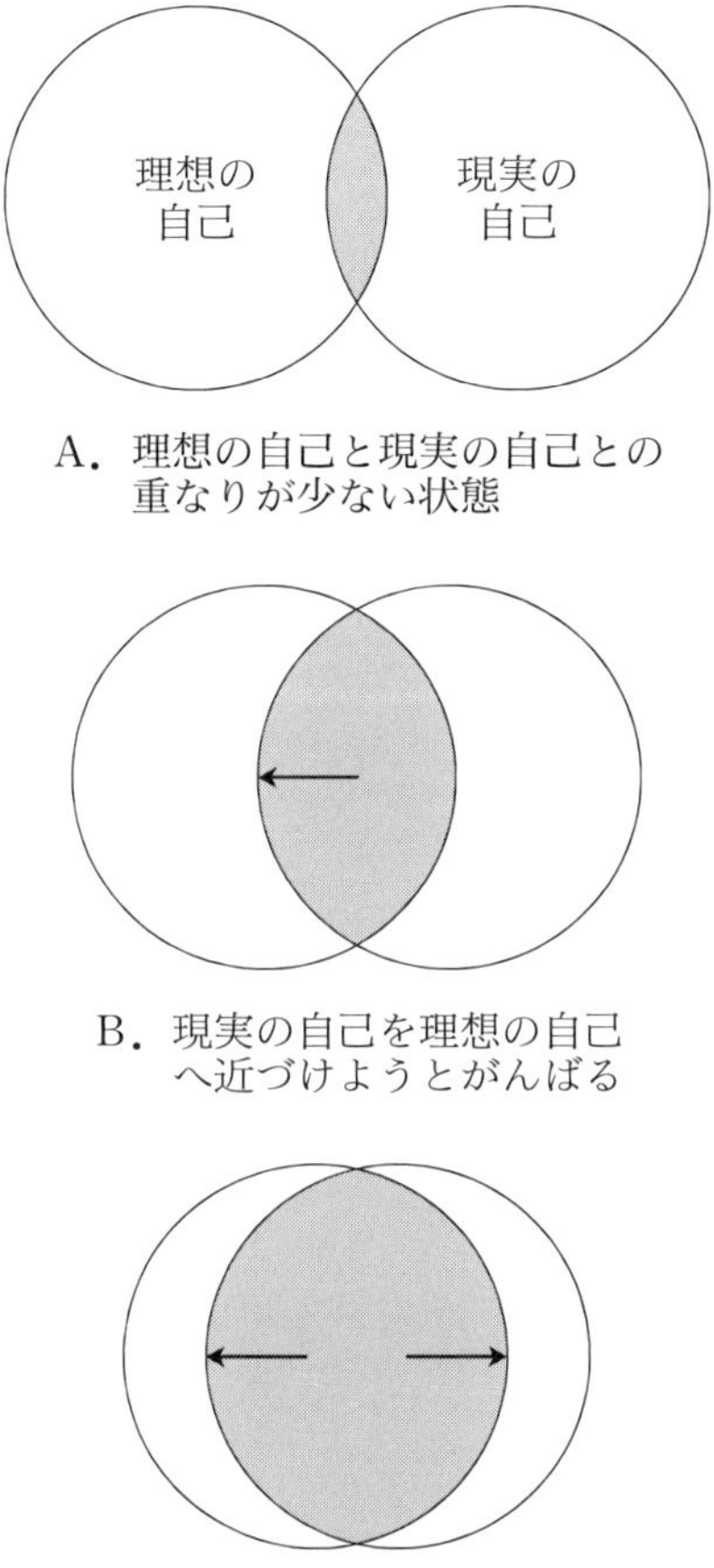

A．理想の自己と現実の自己との重なりが少ない状態

B．現実の自己を理想の自己へ近づけようとがんばる

C．現実の自己を認識してあきらめることにより、重なりを大きくする

図2　理想の自己と現実の自己

ことになり、問題や悩みの種になるでしょう。やりたいことが実際には実現していないとか、実際やれていることは理想とかけ離れているということです。

たとえば、「早寝早起きして、朝の時間を有効に使いたい」と思っているのに「いつも遅くまで起きていて、お昼近くまで寝坊をしてしまう」とか、「彼と親しくなりたい」のに「なかなか近づけない」という状態です。その状態は、自分の思いと実際の行動・現実の結果との不一致な状態であり、欲求不満のもとになりやすいということです。また、このような状態が続くと、自信がなくなり、不全感を抱くことにもなるでしょう。

理想と現実のギャップを埋める2つの方法

重なりを大きくするには、2つの方法があります。1つは、理想に近づくように努力してみることです。つまり、前の晩には早く寝て次の朝ゆっくり時間をとろうと思ったならば、いつまでもテレビを見ることをやめ、早く起きて、朝ゆっくり時間がとれるように努めることです。そうすれば現実の自分を理想の自分に近づけることになり、重なりが大きくなります。がんばれば現実の自分が理想の自分に近づく可能性があり、近づけば満足が得られるでしょう。

重なりを多くするもう1つの方法は、理想の自分を現実の自分に近づけることです。たとえば、テレビを見ないで早く寝て、次の日の朝はゆっくり時間をとろうと思っても、それができない時は、その理想を実現することをあきらめることです。ただ、この例は努力すれば誰でも実現できるような例ですから、あきらめる必要もないかもしれませんが、夜型の人には大変苦労することかもしれません。彼と親しくなりたいけれど、彼は見向いてくれず、近づけないのであれば、その望みを持つことをあきらめるのです。

不可能なことに取り組もうとしたり、完璧を期してものごとを進めようとしている場合や、自分の能力や性格には不向きなことにがんばっている場合などは、理想自体が不適当ということになります。青い顔をしてがんばっても、疲労困憊するだけで、努力には効果はついてこず、理想と現実とのズレは埋まらないわけです。そんな時は現実を認識し、理想の方を現実に近づけることです。つまり、あきらめれば自己矛盾を解決することができます。理想を現実に引きつけることによる安定です。

ズレがあるから人は成長する

人は、理想に向かって努力することで、理想に近づき、自分の実力を確かめることができます。また、努力をしても実現不可能なことについては、その現実を認め、あきらめます。理想と現実のズレに気づいた時は、現実を理想に近づける努力をするか、理想を現実に近づけてあきらめるか、そのどちらかを試み、どちらがより自分にしっくりくるか確かめてみることが大切です。つまり、人は努力したり、がんばったりすることとあきらめることをくり返しながら、理想の自己と現実の自己の重なりを大きくしていくのです。ちょうどよい位置が見えたところが、「自分らしさ」でもあります。

最後にくり返しますが、このズレがまったくないという人はいません。まったくズレがないということは、すべてに満足してしまっているか、すっかりあきらめてしまった状態です。実際は、ズレがあることで、理想に近づこうとがんばる余地と、現実を見てあきらめる余地とが残されていることになります。少しのズレは人間の柔軟性のもとであり、動きの調整の余地でもあるのです。

3　自分とつき合うとは自分を育てること

かけがえのない存在であることに気づく

これまで、自分のこと、自分とつき合うこと、自分らしさなどについていろいろな角度から考えてきました。

自分のことは、赤ん坊が泣くように、また「私は誰か」のテストでしたように、とりあえず自己表現をしてみると分かります。分かるプロセスには、自分の感情や、考え、行動に気づくこと、自分をふり返り、自分のありのままの姿を知ることなどがありました。自分のありのままの姿が分かると、限界も見えますが、可能性も開けます。その姿が、自分以下でも自分以上でもない、自分そのものだと思える時、私たちはその自分を大切にしようと思うようになります。

人の価値は、何かができるとかできないとか、役に立つとか立たないといった尺度だけでは測れない、その人自身の独自性、その人らしさにあります。しかし、人間は理想を追い求める存在でもありますので、理想に近い人のことを羨ましいとか、世の中は不公平だとか思いたくなったりもします。ある尺度で自分を評価すると、その自分は、しようもない自分かもしれませんし、理想にはほど遠い自分かもしれません。しかし、それがその人のあり方であり、その人らしさを探る出発点です。そんなふうに思っている自分は何をしたいのか、自分の判断はそれでいいのか、人のせいにして自分で成長しようとしていないことはないか、まわりに働きかけることはできないか、そんな出発点から、考えたり、やってみたりすることは、まだまだたくさんあるでしょう。

また、たとえ理想と反対の行動をしたり、理想を無視・軽蔑しているように見える人でも、理想がないわけではないと思われます。羨ましさが隠されて恨めしくなっていたり、反発していたり、理想に対するマイナスの表現をしているだけであって、人間は生きているかぎり、まったく理想を持たないことはできないのではないでしょうか。

どんな考えを持とうとも、自分のように考え、行動する人は、厳密にいえばこの世にはただ一人しかいないのです。その存在自体が意味のあることです。その観点から一人ひとりを見れば、欠点も、障害も、長所も、優秀さも、すべてがその人の個性です。それは自慢することでも、立派なことでもないかもしれませんが、大切な自分の一部ではあるのです。

自分を大切に扱う

人は、「しようもない自分だ」と自分を思い限ったとたんに、自分を粗末に扱ってしまう可能性があります。第II章で述べたように、人間は考え方に従って動くからです。「しようもない自分」は大切に扱われることはないでしょうし、大切に扱われなければ、成長のしようもありません。自分を粗末に扱っている人は、まず、それをやめましょう。自分が思っている自分が正しく評価されている自分とは限らず、たとえあまり高い評価ではなくても、あるいは自分がよく分からなくても、とりあえず自分のことは自分で面倒みよう、大切にしてみようと思いましょう。そう思うと、大切にすべきところが少しずつ見えてきます。見えてきたところに水をやり、栄養を与えましょう。理想が高すぎる人は、時に種のないところに水をやって、いつまでも芽が出ないことがあります。それは、自分らしさを見てない、自分を知らない人のすることです。

自分を知る手がかりとしての自己表現

自分を知るためには、自分の自己表現のしかたについて知ることが大切です。自己表現については、あらためて次の章で述べますが、自己表現は、自分を他の人に知らせると同時に、自分を知る手がかりにもなります。自己表現によって自分を確認すると、自分がより分かりやすくなります。自分を知ると、その自分を表現したくなります。自己表現と自己理解は、相互に影響し合い、助け合って、自分をつくり上げる循環を形成します。その循環のプロセスが、自分とつき合うことなのです。

4　自分を育てることは変わること

人間関係は変化しながら育っていく

私たちは、現実に、毎日さまざまなことに出会い、さまざまなことを体験して生活しています。その中には、自分のありのままの姿を強化してくれるものもありますが、逆に自分の態度や行動の限界や欠点を見せつけるものもあります。

たとえば、仲良しで、楽しく、友好的にやってきた人から、自分にとって心外なことを言われたとします。その時、あなたの相手に対するイメージが変わったり、自分に対する自信を失ったりするかもしれません。その人へのあなたの親しい気持ちは薄れ、好きでない感じになる可能性もあります。気まずい思いをし、ぎくしゃくした関係になるかもしれません。それまでの信頼は崩れたように感じられ、会いたくなくなるかもしれません。つまり、それまでのあなたとその友人との関係は、そこで変質するのです。そこでは、あなたは「昔は良かった」と前の関係にもどりたくなったり、「あんな心外なことを言わないでほしかった」と思ったりするかもしれません。しかし、過去にもどることはできないのです。大切なことは、再び、そこからその人との関係を積み重ねようとすることはできるということです。

言われたことが心外であることを伝えるのです。相手は驚くかもしれませんし、そんなつもりはなかったと言うかもしれず、また、謝るかもしれません。いくつかのやりとりの結果、二人の関係は変わっていくでしょう。あなたにとって心外なことはどんなことだったのか、相手はどんな思いでそれを言ったのかなどがよりよく分かると、二人の関係はさらに発展したり、深まっていく可能性もあります。それは一見、もとの友好的な関係にもどったように見えますが、昔の関係とは違ったものです。つまり、人間関係が育まれることは、変化していくことでもあるのです。もちろん、話し合いの結果を残念と思うか、あたり前の姿だと思うかで、受けとり方は違ってきますが、過去にもどれないことは確かでしょう。

また、その関係を終わりにすることもあり得ます。自分にとって心外なことを分かってもらえなかったり、相手がその気持ちを軽視したりした時です。あなたはその人とつき合わないことを決めることができます。また、相手も自分の言ったことを心外だと思われることであなたとつき合いたくないと思うこともあるでしょう。つまり、話し合いがうまくできないと、関係はとり返せないことになります。ただ、話し合った後で別れを決断する方が、「心外だ」と思っただけで縁を切るよりは双方にとって納得のいく結果になるでしょう。それも選択の一つなのです。

いずれにしても、私たちの関係は常に変化していて、過去にはもどれないし、過去を変えることもできません。できることは、今から、自分を育み、変化させて、よりありたい姿を追求することです。あることが変質したら、それが現実なのです。その変質が示していることは、私たちの未来は変えることができるし、変わるということです。

結果の責任は自分がとる

ありのままを生きることは、失敗があって、そのことでがっかりすることはあっても、失敗や失望で未来を染めてしまわないことです。とり返せる失敗はとり返す努力をすることが大切ですし、とり返せない失敗に対してはできるかぎりの責任を果たし、できないことはあきらめることも大切です。結果についてとれる責任を自分でとろうとすることで、違った自分がつくられていきます。当然の失望や落胆を感じながらも、その気持ちを長引かせず、未来に向かって何かをしてみることが大切なのです。人間が不完全であることからすれば、失敗やあやまちもあり得るわけですから、そのこと自体には引け目ややましさを感じることはないのです。ただ大切なことは、失敗に対して、自分がとれる責任をとることは、人間としてやりたいことであり、それは権利でもあります。つまり、すべてが安全で確実でなくても、人はありのままの自分を生きてみて、時には間違いや失敗をし、できるかぎりのフォローをしていこうと思うことが必要なのです。このようにして、ものごとは変質していきますが、全体としては、自分を肯定する部分が多くなるでしょう。

持っている力を最大限にのばす

自分の持っている力は可能な限り伸ばし、ありのままの自分を探そうとしましょう。現実の中では、時に周囲から反対されることもあるでしょう。そこから、あなたがどう出発するか。ほんの少しの冒険心と、変質をおそれぬ決意があれば、何かをつかむことが可能です。変質することは、成長することだからです。

自分ときちんとつき合うことは、他者の思惑や指示に惑わされたり、他人の期待に依存して生きることではありません。そんなことをしていては、自分を大切にすることも、他者を大切にすることもできないでしょう。他者を大切にすることは、自分の思いを否定したり、なくしたりすることではなく、相手に共感し、相手を受容することです。共感と受容とは、相手の思いや気持ちをそのまま理解し、ありのままの姿を受けとめることであって、相手と同じ意見になったり、相手を承認したりすることではないのです。違いを認め、その違いを大切にしながらつき合うことです。同じように、自分とつき合うことは、自分の限界や欠点には十分気づいており、したがって自分にはかなわないことがあるのは分かっていながら、その限界や問題を受容し、それを持っている自分を大切にすることです。人生の不公平、不当なことには、変化をもたらす必要がありますが、人を恨んだり、過去を悔いたりするだけでなく、何かをしてみることが必要でしょう。

変わることを恐れない

変質や変化をあたり前だと受けとるならば、希望や可能性を見失うこともありません。ひょっとしたら自分が限界だと思っていることでも、越えられる可能性、希望を持つこともできます。特に、自分の前には、まだ体験していないこと、分かっていないこと、知りたいことが限りなくあり、自分の生きている間には、決して全部はできないこと、できることはほんの一部であることを自覚しましょう。山ほどあることがらを前にして、おもしろそうなこと、体験したいことを追求しないことは、実にもったいないことです。自分の持てる能力を発見し、潜在力を最大に発揮すること、それが、自分を慈しみ、育むことなのです。

♣

Chapter IV

自分を伝えることの意味

――コミュニケーションのしくみと効果

1　自分を伝えるということ

人間関係は伝え手と受け手から成る

人間関係は、必ずコミュニケーションの伝え手と受け手で成り立っています。一対一ではない一人対多数といった場面もありますが、そこでも伝える相手はそこにいる一人ひとりであって、人間関係やコミュニケーションの厳密な単位は「自分」と「相手」です。今、私は伝える人であり、この本を読んでいるあなたは相手です。そして、私は文字とことばとその配列によって伝えたいことを表現しています。私とあなたがもし対面することができれば、そのほかに身ぶりや表情、声やことばの調子など非言語的なものが加わります。つまり、私は自分を伝える道具となるものをできる限りたくさん使って、伝えたいことを伝えようとするわけです。心理学ではそれらの道具すべてをまとめて刺激といいます。その刺激は、コミュニケーションの相手であるあなたに目や耳、皮膚などを通して伝わり、脳にインプットされます。あなたの脳の中では、感情、思考などのさまざまな働きが起こり、刺激が受けとられ、理解されていきます。

もちろん、その間に、私の刺激以外のものもたくさん伝わっているに違いありません。この本の文章（または私の話）の他に、たとえば、文字の大きさとか、紙の白さ、本の大きさ、部屋の温度、あなたの座っているところの座り心地、肩のこり、周囲の音などさまざまな刺激があなたの脳で受けとられているでしょう。もし、私の文章や話が今のあなたの関心事であるならば、それがあなたへの主たる刺激になって理解されていくでしょう。

自分を伝えることは、このような作用を相手に起こしていることになります。

人の心の中は見えない

① 伝えたことは相手の受けとり方で変わる

しかし、相手は私が伝えていることを私の伝えたいようにそのまま受けとるかどうかは不明です。私が表現したことは相手の脳の中のさまざまな働きによって受けとられるわけですから、伝えたことは相手の脳の作用にまかされることになり、またそれによって変形される可能性もあります。つまり、人間のコミュニケーションの世界では、自分が伝えたことが正確に相手に伝わるという保証はどこにもないのです。その世界では、自分の伝え方のつたなさや相手の受けとり方のくせが加わり、さらに複雑になる可能性があります。たとえば、今、私が悲しそうな顔をして、がっかりしたような声を出して「今朝、コップを割ってしまったんですよ」と言ったとします。この本を読んでいる皆さんは誰も、私の言ったことが分からないという人はいないでしょう。しかし、一人ひとりがそれで何を理解したかを聞いてみると、おそらく読んでいる人の数だけ違った返事が返ってくるでしょう。

まず、どんなコップを割ったかについては、少なくともガラスのコップをイメージした人とコーヒーカップをイメージした人がいると思われます。さらに、そのコップの形や大きさや色（模様）については、ほとんどイメージできていないかもしれませんし、人によりそのイメージは多様であるに違いありません。また、私の言い方によって「よほど大切なコップだったのだろう」とか「けがはなかったか」など気持ちや動作、結果の影響を想像する人もいるかもしれません。また、「朝ごはんを食べている時だったのか」とか「洗っている時だったのか」など割った時の状況を想像する人もいるかもしれません。

つまり、私が言ったことは多様なイメージや状況を想起させ、さまざまな感情を起こし、その人のその時の状態も加わって把握されるわけで、私の言いたかったことと一致することは少ないでしょうし、ましてや一つの答えになることはないでしょう。それはあたり前のことなのです。この段階では、私が伝えたいことと同じことが理解されることもあれば、まったく違っていることもあり得るわけです。

この例は、一つの刺激が、人には多くのことを想像させるものだということを示しています。また、理解とは、ピントの合わないところから、徐々に焦点を合わせていくようなものであり、分かったと思ったことでもさらに想像を働かせたり、確かめたりする必要があることだということも示しています。

② コミュニケーションとは誤解やズレを調整していくこと

人間のコミュニケーションでは、伝えたいことが複雑だったり、さまざまな要素が絡み合ったりしているので、正確に伝わるには、多くのプロセスが必要です。たった「コップを割った」ことについてさえ、まだまだ確かめ合うことがたくさんありそうですから、日常生活の中で、特に抽象的な話をする場合、かなりのやりとりをしないと、正確に分かり合えないだろうことは想像できます。むしろ、コミュニケーションにおいて、誤解やズレはあたり前と思っていた方が現実的かもしれません。それを調整したり、分かり合おうとしたりするのがコミュニケーションの醍醐味でもあるのです。ただ、多くの人はこのコミュニケーションの本質を忘れ、調整を面倒がり、「すぐ分かってくれない」とか「分からないのは相手の問題」と依存的になったり、「私は自己表現が下手」とか「話しても無駄」と引っ込み思案になって、ますます相互理解をさまたげているようです。

このような人と人とのやりとりのプロセスを一つ区切って図で示すと次のようになります。

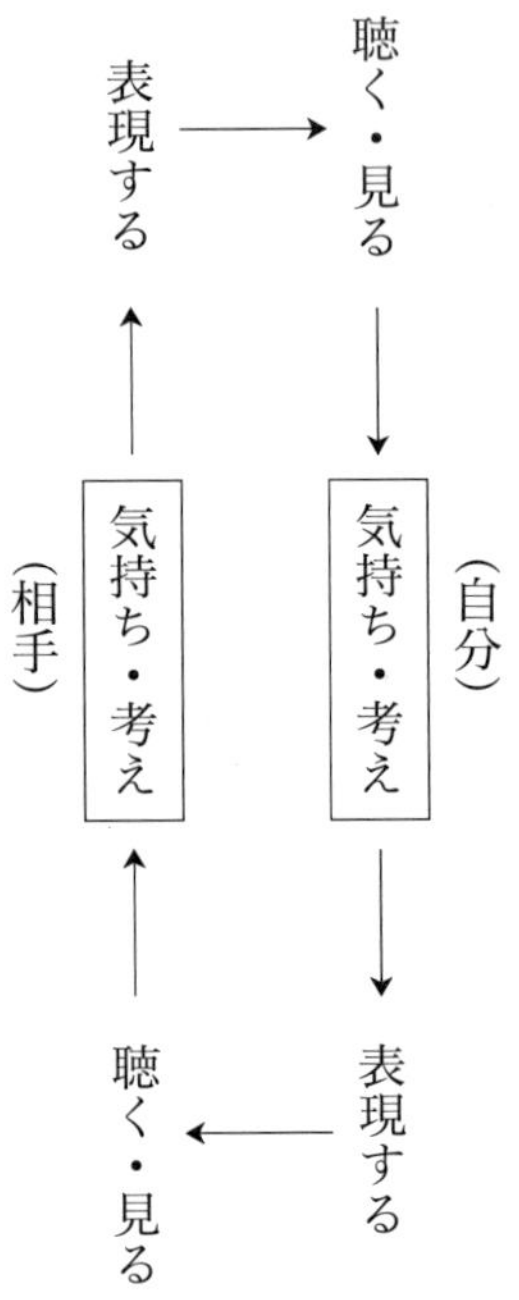

図 3

自分が表現したことは相手によって聴かれ、相手に何らかの気持ちや考え方を起こし、それが表現されます。相手が表現したことは自分が聴き・見て、その受けた刺激が自分の中で考えや気持ちを起こし、その結果が何らかの反応となって表現されることになるわけです。

③ 考えや気持ちを正確にとらえてから伝える

先ほどのコップの例では、「今朝、コップを割ってしまったんですよ」という表現は、悲しそうな顔つきとがっかりしたような声と共に相手に聴かれ、見られます。相手の気持ちや考えのところは見えないのですが、相手のうなずきとかびっくりしたような顔や「大丈夫だった?」という表現が出てきて、私はそれを見・聴くことになります。その表現から、私は相手が理解したことを想像します。そして、「けがはしなかったけどね……」と次の表現をするわけです。ただ、ここでも、「コップを割った」ことが理解されにくかったと同じように、「大丈夫だった?」をめぐって私がどう理解するかの問題が起こり得るわけです。

このように人間の会話では、自分と相手の内面で起こっている作用がお互いに見えないので、その作用の結果である表現を介してしか理解をすすめることができません。したがって、自分を伝えるには、自分の心の中の気持ちや考えをなるべく正確にとりあげ、正直に伝える努力をすることが必要です。

人それぞれ理解の枠組みが違う

同時に、伝える側にも受けとる側にも、ことばや状況の意味することやそれによって理解される内容には、それぞれの枠組みがあって、それによって刺激が受けとめられていくことを覚悟しておく必要があります。つまり、私たちの一人ひとりの理解の枠組み、ことばへの意味づけは必ずしも同じではないのです。その枠組みのことを準拠枠といいますが、準拠枠の違いは、同じことばを使っても、そのことばで個々人があらわそうとすること、意味すること、理解することが違うという結果をもたらします。私たちがコミュニケーションをかわす時には、自分と相手ではことばは同じでも準拠枠は違う可能性があることをいつも覚えていて、相手の心の中で何が起こるかは、相手の自由であることを前提とすることが大切です。別の言い方をすれば、コミュニケーションとは、このような準拠枠の違いを照合し合い、わかち合って、より正確な理解に導いていく限りない相互交流のプロセスなのです。それは、かなり複雑で大変なプロセスでもありますが、そんなものだと分かっていれば、簡単に「分かった」とか「分かってもらえなかった」となることもないでしょうし、コミュニケーションを積極的に進める必要がある時と、それほどこだわらなくてもいい時との区別もつけやすくなるでしょう。

自己表現には限界がある

① 心のすべてを伝えることはできない

自己表現には、もう一つやっかいなことがあります。それは、人は自分の中で起こっていること、伝えたいことを決して全部表現してはいないし、できないということです。たとえば、私は今、「自己表現に存在するやっかいなこと」について述べようとしていますが、私の頭や心の中では、今、ここに書こうとしていることのほかにもさまざまなことが起こっています。しかし、それらすべてを把握することもここに書くこともほとんど不可能です。もちろん、その中には今伝える必要のないこともありますので、当然、心の中では必要なことと不必要なことの選択をしています。それでも、表現する必要のあることを同時に全部出すことはできません。出す順番を考えたり、説明をどの程度詳しくするか、簡単にするかを選択しなければなりません。さらに厳密に考えれば、何が不必要かもすぐに決めることはむずかしく、必要だと思ったことを表現し終わった後でも、まだ表現したいことが残っていることに気づくこともあります。

② ことばの限界

また、心にあるすべてを表現しようとしなくても、伝えたいことを表現することばを知らなかったり、すぐさまぴったりしたことばがみつからなかったり、ことばにできないほど混み入っている現象もあります。そんな時、人は表現することをあきらめたり、表現し損なったりして、重要なことを伝え損なってしまうかもしれません。

仮に、ことばにすることができたとしても、それで問題が解決するわけではありません。人間は微妙な状況や感情を伝えるために、非常に複雑で巧妙なことばとその組み合わせによる表現様式を発見し、つくり上げてきましたが、それで人間の心の動きすべてが的確に表現されるとは限らないのです。非言語的な動きや、音楽や絵画や詩や象徴などを使わなければ、なかなか表現できないこともあります。そのような手段が使えない時、表現は限られてきます。

③ 伝えたいことを選択する

おまけに、すべてを表現していては、かえって相手に分かりにくくなるという問題もあります。人は相手のことを考えて、時に、心の中にあることの中から、表現することとしないことを取捨選択し、自分なりに捨てるものを決断して、相手に分かりやすい表現をしようと努めることになります。その結果は、分かりやすくなることもあれば、分かりにくくなることもあります。つまり、簡単明瞭で分かりやすいことが、細かなニュアンスを伝えるとは限らないからです。

たとえば、ある会社員が前日休んだ同僚に「今年は、課の忘年会はしないことになった」と言えば、簡単明瞭で、分かりやすい報告です。ところが、「それを決めるのに一時間かかった」とか「最終的には多数決で七対五だった」といった情報が加わるとプロセスが分かって、状況が見えやすくなります。また、「新婚旅行は沖縄にしました」でも事実は分かりますが、「彼は海外を主張した」とか「私はどちらにしようか迷った」ということがあると、理解の幅は二人の気持ちや話し合いのプロセスにも広がります。どちらを選ぶか、それはまた選択の問題になります。

コミュニケーションとは、自分の伝えたいことを自分で確認し、それを表現するための手段を選び、表現することですが、自分が伝えたいことを理解してもらうためには、今まで述べたような複雑なメカニズムが働いていることを前提とする必要があるのです。

2　相手を理解するということ

聴くことの大切さ

さて、私たちは自分の思いをことばや非言語的な方法に託して伝えようとしますが、それが相手にどのように伝わるかはさまざまであることが分かりました。私が伝えたことは、私の思い通りに正確に相手に伝わってほしいのですが、相手は相手の枠組みでしか私の言ったことを受けとることはできないのです。それが人間の宿命です。ということは、私が相手を理解する時も、私の枠組みで理解しているわけで、相手の思いどおりに受けとっているとは限らないことになります。だから、人々が思いを正確に理解し合うことは非常に困難なのです。

コミュニケーションの中で、自分を正確に伝えようとする努力のほかに、もう一つ大切なことは、自分から相手が言っていることを相手の思いに則して理解しようと努力することです。つまり、お互いに心の中は見えず、しかも、自分の枠組みでしか理解できない人間のコミュニケーションの現実を打開するためには、自己表現はできるだけ正確に、そして他者理解もできるだけ相手の準拠枠にそってやろうと努力することが必要ということです。

相手の伝えようとすることを相手にそって理解するには、「相手に聴く」ことが大切です。「相手に聴く」とは、相手の準拠枠にそって理解しようと、相手に耳を傾けることをいいます。

ちなみに、「きく」には、「聞く」「聴く」「訊く・尋く」の三種類の意味を持つ漢字があります。「聞く」は、音が耳に入ってくる、聞こえるの意味です。「聴く」は、相手の感じていること、伝えたいこと、言わんとしていることを相手の枠組みにそって理解しようと耳を傾けることです。「訊く・尋く」は、自分が知りたいこと、自分が質問したいことを尋ねることです。

「相手に聴く」とは、したがって相手の言わんとすることを理解しようとすることであり、そこにはただ相手の言っていることを耳に入れるだけではなく、また内容をただ頭で理解するだけでもなく、相手がことばと表情、態度、声の調子などで分かってもらおうとしていることを分かってもらいたいように理解しようとすることです。その意味では、相手を理解することには耳や目だけではなく心も使う必要があります。

人の数だけ違った理解の枠組みがある

私たちは皆、パーソナリティも違い、育った環境や時代も異なり、接した人々やものごともさまざまです。それらの影響を受けて、一人ひとりのもののとらえ方や見方は異なっています。人は自分の生まれ育ったプロセスの影響を受けてものごとを見、感じているので、厳密にいうと人間の数だけものの見方があるといっても過言ではありません。

さらに、人間は皆、自分なりのものの見方や感じ方で世界をとらえ、自分のことばで表現して生きているわけですから、いわば客観的な世界に生きているわけではなく、自分の見ている世界に生きていることになります。つまり、人々は、その人の枠組みでしかものごとをとらえられないのであり、それが相手と同じである保証はないのです。したがって、相手が自分と同じことばを使ったからといって、そのことばに託した意味づけが同じとは限らないのです。

たとえば、先ほどの例にあげた「今朝、コップを割ってしまったんですよ」に対して、あなたが「よほどあわてていたんでしょう」と言ったとします。その反応を聞いて、私は大変不愉快になる可能性もあります。なぜなら、私が伝えたかったことは、ヨーロッパ旅行でお土産に買ってきたコーヒーカップを割ってしまい、とても残念な思いなのに、あなたには私のあわてている姿をイメージされたと思うからです。私が朝ごはんを急いで食べていて、あわてていたためにコップを割ってしまったと言いたいのであれば、私は幸いにあなたに分かってもらえたことになります。しかし、そうでない時があるのもあたり前で、それはたまたま理解の枠組みが違っていただけに過ぎません。

また、20歳の日本人の男の大学生が、60歳のハンガリー人の女の手芸家と話をするところを想像してみましょう。お互いに、ことばや性格の違いはもちろんのこと、年齢の違い、国の違い、男女の違い、役割の違いなど、二人の準拠枠の違いは明らかであり、相互理解はむずかしくなるでしょう。大学生は、女ではなく、60歳を体験していないし、ハンガリーで生まれ育っておらず、手芸家の生活など知らないし、逆に手芸家も日本の大学生のバックグラウンドは持っていません。二人は、よほど相手に聴き、相手との準拠枠の違いを理解しようとしない限り、相手とつき合うことはできないでしょう。

しかしそれは、20歳の日本人のOL同士でも同じことです。それぞれ違った家族の中で育ち、違う学校生活を過ごし、過ごした場所も社会的・経済的背景も違うでしょう。同じことは、決して分かりやすさを保証してはくれず、顔が違うように、みな違うと思っていた方がよいくらいです。そうすれば、相手に聴く気持ちになるでしょう。

確かめることで理解は深まる

相手に聴くとは、相手の使っていることばの意味は自分が理解した意味と同じか、相手の言わんとしていることは自分が理解したことと同じなのか、ニュアンスが違っていないか、などに注意することです。相手の言いたいことをその人の言いたい通りに、その人の伝えたい感情やニュアンスで理解しようとすることです。先ほどのコップの例をとれば、「よほどあわてていたんでしょう」と言われた時、私が意外な顔つきをしたり、残念だという表現をして、その時の気持ちを表現することが大切であると同時に、相手はその様子を受けとり、理解しようとする姿勢が必要でしょう。相手が酒屋のおまけについてくるガラスのコップをイメージしていると、私の反応は不可解でしょう。その時「そのコップはどんなコップなのですか」と尋ねてみるとよいかもしれません。そうすれば、「ヨーロッパ旅行の……」という答えが返ってきて、理解が一歩深まるわけです。相手の言わんとすることに耳を傾けようとすれば、確かめたいことや適切な質問も自然と出てくるようになるものです。

私たちのやりとりは、このように信号を通じて行う自分たちの伝え方と受けとり方の枠組みの交換であり、ある意味で行き違いや誤解の修正のプロセスでもあります。これが当然だと分かっていると、私たちは相手の言わんとすることを聴き、確かめ、理解しようと努めることができます。

一言で「自分を伝える」といっても、それは複雑なやりとりのメカニズムとプロセスを背負っていることが分かったと思います。私たちがコミュニケーションをする時は、いちいちこのような面倒なことを考えるわけではありませんが、一度このメカニズムを知っておくと、少しでも明確な自己表現をする気になり、相手に聴く心構えができます。それを積み重ねていくと、相互理解はかなり正確になり、また、気持ちのいいものになっていくのです。

♣

Chapter V

自分の自己表現のしかたを確かめる

――3つのタイプの自己表現

前の章で、自分を伝えることには相手があり、相互作用の中で、さまざまなプロセスをたどって相互理解が成り立つことを知りました。また、本書のテーマでもある自分とうまくつき合い、ありのままの自分を大切にするには、自分の気持ち、考えを確かめ、それを伝えることも必要だということが分かりました。自分の考え、気持ちは、いわば自分らしさであり、ありのままの自分の中核ですから、それをとらえ、表現することが、自分とつき合う第一歩だからです。

この章では、自分とつき合うための基礎として、自己表現について考え、そのヒントを得ていただきたいと思います。自己表現は、人とのつき合いの中で、お互いを大切にし、理解し合い、親密な関係をつくっていくための鍵でもあります。

日常生活で人々の**自己表現**を見ていると、**3種類のパターン**があることが分かります。一つは不十分な自己表現、第二は過剰な自己表現、そして第三はアサーションと呼ばれる適切な自己表現です。

1　不十分な自己表現——非主張的な自己表現

気持ちを伝えられない

不十分な自己表現は、〈非主張的な自己表現〉とも呼ばれます。簡単にいうと、「考えていることや気持ちを表現できない」というパターンです。自分の考えや気持ちを伝えられないことで、後味の悪い思いや不愉快な体験をすることにもなります。「言いたいのに言えない」「黙ってしまう」「断りたいのに断れない」「伝えても通じるように言ってない」などです。たとえば、人を誘ったり、頼みごとをしたりしたいのにできない、意見や考えを言えない、映画や買い物、お茶などに誘われて行きたくないのに断れない、長電話をしていて「そろそろ切りたい」と思う時に切り出せない、また、列に並んでいて横から割り込まれそうになった時「次は自分の番なのに」と思いながら黙っていて、順番を譲ってしまうといったことです。こんな時、私たちは腹が立ったり、イライラしたり、落ち込んだりします。

非主張的な自己表現の特徴

非主張的な自己表現とは、自分の意見や考え、気持ちを表現しなかったり、し損なったり、相手に分からないような言い方をすることです。したがって、これには黙っていることも一つの自己表現として含まれます。つまり、沈黙やあいまいな言い方、いいわけがましい言い方、消極的な態度や小さな声で言うことなども自己表現ですが、それは不十分なものになりやすいということです。

このような自己表現をしている人は、自分を抑え、相手を優先し、相手を立てているつもりかもしれませんが、実は自分を自分で否定していたり、自分に対して不正直であったり、相手に率直でない自己表現をしている可能性があります。いわゆる引っ込み思案で、自己否定的、依存的、相手まかせ、そして服従的な言動です。

たとえば、友だちに「ご飯食べて帰ろうよ」と誘われたとしましょう。あなたは、早く帰って夕食は家族と一緒にとろうと思っていました。そんな時、どうしますか。どう言って断りますか。

「そうね……」とどっちつかずの返事をしたり、何も言わなかったりしていると、「じゃあ、どこにしようか、和食がいい？　中華がいい？」などと聞かれて、ずるずると一緒に行くはめになることがあります。あるいは、「今日は家族と夕食することにしてるから」と一度は断っても、「いいじゃない、ちょっとだけつき合ってよ」と言われて、それ以上断れないで、内心「困ったな」と思いながらも、不本意ながらつき合うということもあるかもしれません。その結果は、不本意なことをしていることで何となく不愉快で、相手に気持ちよい態度がとれず、家族のことは気になり、食事に集中できず、後味の悪い夕食になり、あげくのはてに相手を恨むようなことも起こりかねません。

その心理には、「せっかく誘ってくれたのに断るのは悪い」といった罪悪感や、「断ると相手を軽んじている、相手を嫌っていると思われるのではないか」といった気づかい、「せっかく誘ってくれたのに今断ると、次から誘ってくれなくなるのではないか、嫌われるのではないか」という不安、「相手と違うことはよくない」といった思い込み、などが潜んでいて、本心を打ち消して、自分の本心は横において相手の希望に応じてしまうのです。

おまけに、家族との約束も反古にしてしまうことになり、そこでも不本意な思いを体験することになります。そして、家族にきちんとあやまらないというマイナスのおまけまでついてしまうこともあります。

なぜ相手に合わせてしまうのか?

このような言動は、自分に確信が持てず、消極的な生き方をしている時、相手に従わなければならないと思っている時にとりがちになります。ものごとを決めるにあたって、自分の気持ち、意見をきちんと言わないことで、結果的に相手の意見が通ることになり、相手が優先されるので、一見相手を尊重しているようにも見えます。しかし、実は決定を相手にまかせているわけで、依存的で、相手の承認を期待し求めている態度ともいえます。

自分の考えや気持ちを言うと相手のそれと違う可能性があるので、躊躇したり、自分の気持ちを抑えたりするのです。違うことは嫌われること、面倒なこと、もめごとが起こること、だからやめておいた方がよいと考えるのでしょう。確かに、相手まかせにしていれば葛藤は起こりません。葛藤が起こらなければ、違いを調整するために時間をとる必要もありませんし、すばやく、スムーズにことが運びます。結果は、相手の気持ちにそったことになって、その時は気分がよいかもしれません。

ただ、一方では、自分の本心や気持ちを抑えているので相手には分かってもらえず、表現しなかった気持ちに未練が残ったり、分かってもらえなかったことで惨めになったりもします。分かってもらえない理由は自分の非主張性・不十分さにあるにもかかわらず、「譲ってあげた」と相手に対して恩着せがましい気持ちになったり、「譲ったことに感謝もされなかった」と恨みを抱くようになることもあります。自分の意向、特に反対意見を表現せず、ズルズルと相手の意向に従ってしまった時、つまり、「ここは相手の意向をとろう」と自らの決心で相手に従うのではない時、結果としては我慢させられたことになり、不愉快になるのです。

なぜ人づき合いを避けてしまうのか?

このようにして我慢や恨みが積み重なると、欲求不満やストレスがたまります。初めは、欲求不満やストレスは隠して相手を立てようとしますが、やがて、気持ちのこもらない無表情で、慇懃無礼、過度に丁寧な応対になることもあります。人づき合いがおっくうになって、人とつき合うことを避けるようになったり、あげくのはてには心身症やうつ的になったりします。そもそも、人に受け入れてもらいたい気持ちから、自分の意見を言わずに相手に合わせたはずだったのに、結果は寂しい思いを味わったり、孤立したりすることになります。

また逆に、欲求不満がたまった結果、自分より弱い立場の人に対して、怒りを爆発させる形で、八つ当たりをしたり、意地悪をすることもあります。この八つ当たりや意地悪も相手には分かりにくいことであり、いわれのない不当なことをされているわけなので、お互いを大切にしたつき合いにはつながっていきません。強い相手には従い、弱い相手には従わせるとなって、人を差別してつき合うことになりかねません。

さて、非主張的な対応をされた相手は、自分の言い分が通ったわけなので、そのときは意見が一致したと思うでしょう。しかし、自分の意見と同じだったとか、自分を大切にしてくれたと思っていたことが、実は違っているわけですから、その関係は誤解の上につくられたことになります。したがって、関係はぎくしゃくしたものになりかねません。つまり、それでよかったと思っていたら、最終的に被害を被ることになってしまうのです。時には、突然恨みごとを言われたり、言わなくても分かるべきだといわんばかりの態度を示されたりすることもあります。相手は、それまでのことばや態度とは不一致な行動が返ってくるので、戸惑うでしょうし、対応に苦しむことになるでしょう。そうなるとお互いの理解はむずかしく、表現の裏を読まなければならない思いに追い込まれます。本心を言わない人に対して気の毒な思いを持つこともあるでしょう。

非主張的な自己表現は自分で自分を踏みにじる

非主張的な自己表現は、その場は相手を大切にしているようですが、自分で自分を踏みにじってしまうわけですから、自分にとっても相手にとっても真の思いやりにはつながらないのです。真の思いやりとは、相手を大切にしながら、自分も大切にして自己表現をすることであり、相手に嘘をついて、相手を大切にしたふりをすることではないでしょう。

非主張的な自己表現をしている人は、自分で自分を大切にしないで、相手に自分を大切にしてもらおうと思っている可能性があります。しかし、それが不可能なことは、人間のコミュニケーションの特徴からもよく分かることです。人は一人ひとりみな違うのに、自分を明らかにしないで大切にしてもらおうと思っても、何をどのように大切にすればよいのか相手は分かりませんし、また逆に、自分の思いだけで相手を大切にしたと思っていても、本当に相手を大切にしたことにもならないのです。同じことや違うことが分かって初めて、お互いを大切にすることができるのです。

2　過剰な自己表現——攻撃的な自己表現

攻撃的な自己表現の特徴

過剰な自己表現は〈攻撃的な自己表現〉でもあります。不十分・非主張的な自己表現の逆で、自分の考えや気持ちをはっきり言い、自己主張をするのですが、相手の言い分や気持ちを無視したり軽んじたりして、結果として自分の言い分だけを通して相手に押しつけてしまったり、相手に有無を言わせなかったりすることをいいます。過剰で、攻撃的自己表現をしている人は、自分本位で他者否定的であり、操作的、支配的、一方的です。他者の存在や言動、気持ちには無頓着で、尊大な態度をとって、自分を優位に保とうとします。

たとえば、列に並んでいて割り込まれたと思った時、あるいはセールスにつかまった時、いきなり「あんた後ろに並びなさいよ！」と言ったり、黙って強引に割り込み返したり、「うるさい！」と怒鳴ったりするような言動をいいます。このようにすれば、自分のやりたいことや言い分は通るかもしれませんが、後味はやはりよくないでしょう。このパターンには、言いたいことが言えなかったあげく、当の相手ではなく、他の人に八つ当たりをするような場合も含まれます。

相手を踏みにじる

攻撃的な自己表現は、相手の犠牲の上に立って自分を通している自己表現であり、結果的に相手を踏みにじっていることになります。相手の言わんとすることに耳を傾けることはせず、自分だけを大切にし、自分の言う通りに相手を動かし、自分が関係の主導権を握ろうとします。

したがって、攻撃的な自己表現とは、怒鳴ったり、相手を責めたり、無視したりするだけとは限りません。攻撃的な言動には、暴力的にはならなくても、自分勝手な行動をとったり、巧妙に自分の要求を相手に押しつけたり、操作して自分の思いどおりに相手を動かそうとすることも含まれます。たとえば、おだてて人を思い通りに使ったり、下手に出てお願いをしているようでありながら、決して後に引かないような態度も攻撃的です。特に注意しなければならないのは、言いたいことを言えないで黙っていたり、黙って合意したように見せていて、相手の希望・要求・言い分とは反対の言動をとることです。本人は非主張的だったのでしょうが、相手にとって結果は攻撃的なことをされたのと同じになります。

たとえば、先ほどの「ご飯食べて帰ろうよ」という誘いに対して、相手の気持ちも考えず、いきなり「そんな暇はないよ」と言うとか、相手を無視して黙ってスタスタその場を去っていくとかいうものです。あるいは、誘った側の人が、相手は「今日は家族と夕食をすることにしているから」と断っているのに、「つき合いの悪い人ね」とけなしたり、「いいじゃない。行こう行こう」と強引に誘ったりすることです。

相手を尊重してない

攻撃的な自己表現をしている人は、自分を大切にしているのですが、相手を大切にしておらず、相互尊重の関係をつくってはいません。もちろん、違いに対する配慮もなく、違っている場合は相手が自分に合わせるべき、自分の思いどおりに相手が動くべきと思っています。その意味では、非主張的な人と同じく、人は同じでなければならないとか、自分と同じになるべきと思い込んでいるかもしれません。違っていることは悪いこと、どちらかに一致すべきと思っている可能性があります。

とくに、世の中には唯一の正しい答えがあって、自分の方が正しいのだから、相手は自分に従うべきだと思っている人は、攻撃的になりがちです。あるいは、人間関係を力の関係、上下関係、勝ち負けでとらえ、自分の意見が通らなければ負けたように感じてしまう人も攻撃的になります。夕食に誘ったことを通して優位に立つためには、どうしても相手に「うん」と言わせようとするとか、「帰りたい」と言ってもそれを承諾しない相手に勝つためには、無視してもかまわないと思うのです。

長続きしない人間関係

攻撃的な人は、一見主体的に動いているようですが、その裏には、相手が自分と違うことへの不安、相手に逆らわれることへのおそれ、相手ときちんと話し合えない不器用さなどを抱えていることが多く、その意味で、自分の気持ちに不正直です。正直に、率直に自己表現をするなら、その不安やおそれ、不器用さを表現することも大切なのですが、それは格好悪いこと、負けることと思っているのでしょう。それを繕うために相手を攻撃して、自分を守っている可能性もあります。

このような攻撃的な対応をされた相手は、不愉快です。自分の意に反して強引に服従させられたり、軽視されたりした場合は、一方的に傷つけられ、侮辱された気持ちになるでしょう。自分の気持ちや考えをきいてもらえそうもないことが分かってくると、非主張的な人はつき合いを避けようとし、攻撃的な人はそれを上回る攻撃をしかけてくるかもしれません。いずれにしても、相互尊重のつき合いとはならず、関係は長続きしないことになります。

3　適切な自己表現——アサーティブな自己表現・アサーション

アサーションとは

適切な自己表現は〈アサーティブな自己表現〉、あるいは〈アサーション〉とも呼びます。それは、自分も相手も大切にしようとする自己表現で、自分の意見、考え、気持ちを正直に、率直に、その場にふさわしい方法で言ってみようとすることです。同時に、相手が同じように表現することを待つ態度をともないます。

アサーションは、先に述べた非主張的・不十分な自己表現と攻撃的・過剰な自己表現との中間です。前の二つのパターンには、両極端な自己表現が起こっていました。一つの極は、相手を優先し、とりあえず自分のことは後まわしにする対応で、もう一つは、自分を優先し、自分だけを大切にして、相手が眼中にない対応です。前者は引っ込み思案の自己表現、後者は利己的な自己表現ともいえるものでした。

率直に、素直に言ってみる

アサーションは、列に割り込まれた時「ここは並んでいるので、後ろに並んで下さいますか」とか、誘われて「今日は他にすることがあるので、またいつか行こう」とその時の気持ちを率直に、素直に言ってみることです。そう言ってみると、少なくとも自分の気持ちは表現したことになり、相手に通じる可能性が広がり、わかり合えるチャンスができます。たとえば、自分は「割り込まれた」と一方的に思っていたのが、実は相手は急いでいて、うっかり一言断わるのを忘れていたとか、並んでいることに気づかなかったということが分かることもあります。いきなり、相手のちょっとしたミスに大声で怒鳴る必要はないでしょう。また、自分の方も事情が分かれば譲ってもよいと思うこともあります。素直に気持ちを表現すれば、双方が分かり合うチャンスが増え、後味の悪い思いをしない可能性が高まるのです。

つまり、「失礼な人もいるものだ」とブツブツ言いながら相手にきちんと伝えようとしないとか、「私の順番なのに」と思いながら黙っているならば、相手には通じません。通じないまま、腹を立て、相手を恨んでいるとすれば、それは自分で自分の面倒をみずに、相手を悪者にしていることです。おまけに、次に同じような状況に出会った時には、思わず「また！」と前回に重ねてしまい、二回分のたまった怒りを合わせて他の人にぶつけてしまうかもしれません。そんなふうにひそかに恨みを晴らすとすれば、それこそはた迷惑な八つ当たりでしょう。静かに「並んでいること」を伝えれば、相手が分かって後ろに行ってくれることもあるでしょうし、相手が急いでいることが分かって、快く順番を譲る気になるかもしれません。譲る気になっているのであれば、自分の思いに合った対応をしたことになるので、恨みの気持ちは残らないでしょう。

葛藤や歩み寄りを当然とする

アサーションは、「自分を大切にしながら、同時に相手のことも配慮する対応」です。アサーションとは「自分の気持ちや考えを素直に、率直に相手に伝えてみる」と同時に、「相手の言い分を聴こう」とする態度をともなったかかわりですから、自他尊重の自己表現であり、さわやかな関係をつくる鍵になります。

だからアサーションでは、とりあえず今の気持ち、考えを言ってみることから始めます。言ってみると、相手は賛同と反対を半分半分の確率で返してくるでしょう。時には、どちらでもない中間の気持ち、迷っている気持ちが返ってくることもあるでしょう。それを覚悟して、今の思いを言ってみるのです。だから、賛成された時、反対された時、そしてその中間の答えが返ってきた時の対応を、自分なりに考えておくことになります。アサーションは、自分の意見を通そうとする自己表現ではなく、自分の考えや気持ちを分かってもらうためにする自己表現です。そのためには、なるべく正直に言ってみることが大切で、そこから双方が納得のいく結論や歩み寄りに到達するための話し合いが始まると考えます。人間関係は、〝イエス〟からでも〝ノー〟からでも〝?〟からでも始められることを分かっている自己表現ともいえます。

アサーティブな自己表現をする人は、自他尊重の気持ちで、その場にふさわしい柔軟な態度で、積極的、協力的に話し合おうとします。自分の気持ちは自分で確認し、それを表現しようとしますが、それに対して相手は相手の意向を持っていることを前提とします。相手は同意することもあれば、反対することもあることを分かっていて、それはあたり前のことなので葛藤を恐れません。つまり、どんな相手の対応に対しても自分の責任で次の言動をとるつもりになっています。葛藤が起こった時でも、非主張的な表現ですぐに自分から折れて相手に譲ったり、攻撃的な表現で強引に自分の意見を通そうとはしません。

柔軟な自己決定

アサーティブな自己表現は、自分の意見、気持ちを率直に、素直に表現してみようとしますので、第II章で述べた自分の気持ちをつかみ、考えを知り、やっていることに気づくことがとても重要になります。つまり、自分のことについては自分で責任を持とうとする態度があり、とりあえずそれを言ってみようとするのです。しかし、相手が自分に同意することだけを期待していないので、必ず相手の反応を待ちます。

意見が一致した時は、そのことを「ラッキー」だと思い、喜びをわかち合いますが、一致しなくてもがっかりすることはなく、それもあたり前のこととして受け入れます。そんな時は、もっと話し合って、自分の責任で意見を変えてもよければ、歩み寄って新たな解決法を探せばよいと思っています。

人の意向は一致することもしないこともあると思っているので、かえって自分を表現しやすくなります。意見が違った時は、話し合いをすればよいと思っていて、お互いに歩み寄るつもりもあり、妥当な結論を出そうとします。どんな状況にも率直に、素直に対応しようと思っているので、反論や不賛成が返ってくることを恐れず、その時の自分の気持ちに正直に、さらに意見を言ったり、場合によっては意見を変えたりすることができるわけです。意見を変えた時も、自分が決めて変えているわけですから、相手に従ったとか操作されたと思うこともなく、後くされがありません。妥協とは、相手に屈することと考えられがちですが、真の妥協とは、双方の話し合いによって、両者が歩み寄った満足のいく解決のことをいいます。

「ご飯食べて帰ろうよ」と誘われた時、「今日は家族と夕食をすることにしているから帰りたい」と率直に断りますが、同時にその後、相手はどうするかを待ちます。相手は、「じゃ、またにしよう」と同意してくれる時と、「それでも、今日はご飯を食べながら話したいことがある」と再度頼む時と、両方の可能性があります。帰ることに同意してくれれば、「誘ってくれてありがとう。またのチャンスをつくりましょう」といったことになるでしょう。また、再度誘われた時には、相手の様子によっては、誘いにのろうという気持ちになるかもしれません。初めは「帰りたい」気持ちがあったのですが、誘いに応じることに気持ちを変えたのです。そして、「じゃ、食べに行こう」と言って、家族にはそのことを伝えることにするでしょう。その時は、相手のせいで予定を変えさせられたというのではなく、状況を判断して自分が決定したわけなので、少なくとも家族に対していいわけがましい連絡にはなりません。そこでも、家族の意向を聴くつもりであり、家族に自分の決心を納得してもらって予定を変更します。場合によっては、「夕食は家で食べたいので、しばらくお茶を飲みながら話をしよう」といった提案をするかもしれません。相手が同意してくれれば、その妥協案で行動をとることになるわけです。

違いを認めた働きかけ合いによる豊かな人間関係

アサーションには、お互いを大切にし、お互いを尊重する精神があります。その話し合いのプロセスでは、時に葛藤があり、時間をかけて話し合う必要もあります。しかし、アサーティブな対応をされた相手は、双方の意向がよく分かると同時に、自分を大切にされたと思います。お互いに納得して結論を出すことは、お互いに違いを認めて、大切にし合い、協力してものごとを進め、親密な関係をつくることにエネルギーを使ったことを意味します。

非主張的や攻撃的なやりとりは、結局一人の意見におさまってしまうのですが、アサーションは二人の活発な働きかけ合いがあるので、一人で考えたものよりも、かえってより豊かな相互の創意工夫や、創造的な結論へ至ることもあります。結果として、自分の可能性も、相手の可能性も開発されることにつながります。

私たちは、アサーションを中心としたコミュニケーションをしたいものです。そこには、相互理解への道があるばかりでなく、自分らしさの確認と、自己成長の鍵があることが分かるでしょう。

4　あなたの自己表現度は？

アサーション度チェック

さて、自己表現は、今まであげられた例のような、頼んだり、断ったりすることだけでなく、さまざまな状況や場面で行われます。あなたは、次のような状況で、どんな自己表現をしているでしょうか。それぞれの状況について、あなたが日頃一般にとっていると思われる自己表現のパターンを正直に答えて下さい。左側には、非主張的（NA）、アサーション（A）、攻撃的（AG）の欄が設けてありますので、日頃よくとる言動のところに✓印を記入しましょう。もし二種類の言動を半々ぐらいの割合でしている人は、二か所に✓印をつけても結構です。自分のアサーション度を知り、どんな自己表現が苦手か理解しましょう。

チェックが終わったら、Aの数を数えてみましょう。それは日頃アサーションができて

アサーション度チェックリスト

NA	A	AG	
____	____	____	1．人に対するいい感じやほめことばを伝える。
____	____	____	2．自分の長所や成功を人に伝える。
____	____	____	3．分からないことを質問する。
____	____	____	4．人と異なった意見、気持ちを言う。
____	____	____	5．自分がまちがっている時、素直に認める。
____	____	____	6．適切な批判を述べる。
____	____	____	7．話し合いの席で、自分の意見を言う。
____	____	____	8．助けが必要な時、人に助けを求める。
____	____	____	9．社交的な場面で、日常会話をする。
____	____	____	10．自分の緊張や不安を認める。
____	____	____	11．プレゼントを上手に受けとる。
____	____	____	12．不当なことをされた時、そのことを言う。
____	____	____	13．人からほめられた時、素直な対応をする。
____	____	____	14．批判された時、きちんと対応する。
____	____	____	15．長電話や長話を切りたい時、提案する。
____	____	____	16．自分の話を中断された時、それを言う。
____	____	____	17．パーティや招待を受けたり、断ったりする。
____	____	____	18．注文通りのもの（料理や洋服など）が来なかった時、そのことを言って交渉する。
____	____	____	19．行きたくないデートを断る。
____	____	____	20．助けを求められて断りたい時、断る。

いることがらです。また、どんな状況があなたにとって苦手か、NA、AGについても、一つ一つ検討してみて下さい。状況によって、また、相手によって苦手な場面が異なることもあります。親しい人に対しては言えても、見知らぬ人には言えないとか、知らない人ならできるが、親しい人にはできないといったこともあるでしょう。得意なところには、ますます磨きをかけ、不得意な分野には注意して、アサーションを心がけましょう。そして、アサーションができないところを工夫しようと思ったら、次の章を参考にして下さい。

♣

Chapter VI

自己表現に必要な4つのスキル

――苦手な自己表現を改善するために

さて、自己表現の苦手なところを改善するには、どんなことに注意すればよいでしょうか。アサーションは、まず「自分の考えや気持ちを表現してみること」から始まります。したがって、第II章で述べた自分の気持ちをつかみ、考えを知り、言ったり、やったりしていることに気づくことが必要です。また、「相手を大切にする」には、相手や周囲の状況を把握することも必要です。

この章では、アサーションに必要な要素を的確に把握することができるようになるために、基本的なスキルを学んでおきましょう。

1 自分の気持ち・考えを正確にとらえるスキル

表現しようとする内容を明確にする

その第一歩は、第II章でも説明したように、まず自分がどんなことを考え、感じているかをとらえることです。つまり、自分を表現するには、表現しようとする内容を明確にする必要があります。内容がはっきりしないと、表現することはできないのです。いわれてみるとあたり前のことですが、日常生活を振り返ってみると、実は言いたいことを明確にすることは結構むずかしいものです。

たとえば、「映画に行きましょう」と誘われた時、「とても映画が見たい」とか「その人と一緒にいたい」時であれば、すぐに「行こう」と思えて、返事ができるでしょう。しかし、「一人になりたい」とか「映画を見るのではなく、話がしたい」「その人とは行きたくない」「今から帰ってしなければならないことがある」などなど、「行こう」という気になれない理由がいろいろあり、返事の内容も仕方もさまざまにあり得ます。その中のどの気持ちが今の自分の気持ちに一番近いか、すぐさま素直に確かめられるでしょうか。

「自分の気持ちが分からない」のはなぜか？

非主張的な気分になっていると、「何と言えば相手が傷つかないだろうか」とか「嫌われないようにするには何と言うか」とか「これを言うと相手にどう思われるだろうか」などと考えてしまって、率直な自分の気持ちはどこかへ消えてしまうことがあります。その結果、自分の気持ちを確かめられないまま、あるいは自分の気持ちを抑えて、無難な返事をしてしまいます。それを続けていると、自分の気持ちを置き去りにすることに慣れてしまい、いざという時でも自分の気持ちや考えていることがはっきりつかめなくなっていきます。

また、攻撃的な気持ちがあると「どうすれば自分の言い分が通るだろうか」「反対されないためには何と言うか」「一発で断ってやろう」といった思いがまさって、素直な自分の気持ちが歪んでしまいます。特に、非主張的に自分を抑えている状態が続いた結果、怒りがたまっていたり、欲求不満がつのっていると、いま自分が思っていることは、「今日は帰って宿題がしたいので映画は他の日に行きたい」ということであるにもかかわらず、「体の具合が悪い」と相手がそれ以上何も言えないような嘘を言ってみたり、「今日はダメ」とけんもほろろに言い放ってその場を去ったりしてしまいます。実は、「今日は帰って宿題がしたい、映画は他の日に行きたい、そうしませんか」といった相手に頼んでみたい気持ちが正直な気持ちなのに、それとはかけ離れたやや強引な言い方になってしまいます。つまり、自分で自分を欺いてしまっているわけです。

自己表現に嘘やごまかしがあっては、相手に真意が伝わらないだけでなく、自分をも欺き、自分が分からなくなっていくといった弊害が出てきます。特に、相手と何かをきめたり、結論を出したりする時には、基本となる自分の気持ちや考えが明確になっていないと、話し合いは混乱し、あいまいな、自信のない結論になってしまうでしょう。話し合いによって変化することも含めて自分の考えや気持ちを確かめ、素直にとらえる訓練は、日頃からしておくことが大切です。それがないと、対話は不本意な結論に落ち着いていくでしょう。

気持ち・考えをつかむトレーニング法

自分の気持ち・考えをとらえる訓練のために、次のようなことをしてみると助けになります。ひとり言でいいので、時々「私は」と主語をつけて文章を言う練習をしましょう。たとえば「どうしよう」と思った時「私はどうしたらよいか迷っている」、「違う」と感じた時「私は違った意見を持っている」、「うるさい」と言いたい時「私はうるさいと感じる」と言ってみるわけです。「にらまれた」と思ったら「私はにらまれたと思った」、「あなたの意見は?」を「私はあなたの意見が聞きたい」、「早くしなさい」を「私はあなたに急いでほしい」といった具合です。

「私は」を主語にして文章をつくると、自分の気持ちや考えが明確になってきます。右の例でも「私は」をつけることで、依存的な気持ちや攻撃的な気持ちがあるのは自分であることがはっきりしたり、いかにも相手が悪いと言いたいとか、相手を非難したいことが、実は自分の気持ちの押しつけであることも分かります。

「私は」をつけなくても気持ちが明確につかめるようになったら、「にらまれた」ではなく「にらまれたと思った」、「早くしなさい」を「早くしてほしい」と言えるようになるでしょうし、いちいち「私は」をつける必要はありません。

これができるようになったら、自己表現にも変化が出てきます。「あなたがにらむから、嫌だ」ではなく、「私は、あなたの目を見てにらまれたと思ったので、怖くなった」になるでしょうし、「あなたはグズだから腹が立つ」ではなく、「私には、あなたの動きが遅く感じられるので、もう少し急いでほしい」になるでしょう。つまり、相手に「いらいらさせられた」とか「気分を害された」というよりは、そのような気持ちは自分が起こしているのであり、それが分かればそのことを明確に伝えることもできやすくなるので、相手にも分かりやすい表現になるのです。

また、自分の気持ちや考えは、いつも白黒がはっきりしていることはありませんし、いわゆる「すっきり」した気持ちや考えだけがあるわけではないことも思い出しておきましょう。「よく分からない」ことや「迷っていること」「どちらでもよいと思っていること」はあります。そんなグレーの領域の気持ち、あいまいな気持ちを確認できることも大切です。

さらに、いい感じだけでなく、「困っている」「緊張している」「不安である」「腹が立っている」「好きでない」といったマイナスの気持ちや「反対である」「異論がある」といった考えも、自分の中で明確にしておく必要があります。そんな気持ちや考えを、相手に脅威を与えることなく、自分の感じや意見として表現することも大切です。それはまさに自分らしさの表現でもあるのです。

2　周囲の状況や相手を観察するスキル

共有できる事実をさがす

アサーションに必要な第二のスキルは、周囲や相手を観察する能力です。たとえば、列に割り込まれたと思った時、アサーションができる人は、「ここは並んでいるんですよ」とか「あそこが列の後ろですよ」など、相手にもはっきり分かるように状況を観察して伝えています。それだけでも、言いたいことは十分通じることがあります。

たとえば、「子どもがうるさい」と思った時、いきなりそれを言わずに、自分が何をうるさいと思っているかを観察してみると、具体的で、分かりやすい事実が見えてきます。たとえば、子どもが大声で話しているとか、物音を立てているといったことです。つまり、「子どもがうるさい」のではなくて「大声」とか「物音」がうるさいのです。それが分かると、とっさに「おまえはうるさい」とは言わなくなるのではないでしょうか。自分にも相手にも分かる事実に目を向けてみようとすることは、気持ちを冷静にすることに役立ちます。その事実を伝えた方が分かりやすいことが想像できますし、いきなり相手を非難する気持ちや相手の責任を問う思いはおさまってくるのです。

感情にとらわれない状況把握

非難したい思いが強い時でも、その思いを脇に置いて、状況を観察してみてください。すると、自分の思いとは違ったことが見えてきます。たとえば、大きな声にはそれなりの理由があること、相手は声がかなり大きくなっていることに気づいていないこと、大声に耐えられないのは自分であることなどです。それが見えてくると、「おまえはうるさい」とか「うるさい音を立てるな」という表現はふさわしくないことが分かってきます。そんなふうに言った時、「うるさくなんかないもん」とか「うるさいのはあなたでしょ」といった反発が返ってくることがありますが、それは当然かもしれません。

つまり、うるさいのは子どもではなく、声や音がうるさいと感じているのは自分なのです。したがって、「おまえはうるさい」という表現は「おまえは大きな声（音）を出している」と「私はそれをうるさいと感じている」という二つの別々のことをあらわす文章を、混同して言っていることになります。相手には、いわれのない非難と受けとられる可能性は大きいでしょう。このような不都合や誤解を防ぐためにも、ものごとはしっかり観察することが大切です。

そうすると、「その声が自分にはとても大きく感じるので、少し静かに話してくれないか」といった「お願い」をしたくなるでしょう。つまり、私の問題に対して、相手には変化の協力を依頼することが適切なのです。相手がうるさくしていると受けとると、相手をおさえ、自分の思いどおりに動かそうとしたくなりますが、自分が感じていることをどうにかしたいのであれば、相手に協力を頼むしかありません。

観察することは、状況や相手について見える事実をできるだけ客観的に把握することであり、それを感情的にならずに言語化しておけば、お互いに共有できる話し合いの基盤ができ、その上に立って「私の感じ・考え」を述べることができやすくなるわけです。

3　要求や希望を明確に表現するスキル

具体的な提案をする

観察による共通基盤ができて、「自分の気持ち・考え」が確認できたら、それらを踏まえた具体的な提案をします。たとえば、列に割り込まれたと感じた時は、「後ろに並んで下さいませんか」であり、大声と感じた例では「声を落として下さい」です。観察し、感じをとらえた後では、提案がしやすくなります。また、観察した事実と自分の気持ちがはっきり区別されていれば、前提がしっかりできているので、いきなり提案をしても、分かってもらえる可能性は高くなります。

「列」や「声」の例のように状況が複雑ではなく、ものごとがシンプルな場合は、提案だけでもいいし、先ほどの観察のところで述べたように、事実だけ言っても意図は了解されることがあり得ます。いずれにしても、相手に対する要求や希望、依頼などは、なるべく具体的で、相手にとって変えやすい言動であることが大切です。

選択肢をいくつか考えておく

また、相手に対する要望や提案はただ一つしかないということはありません。前にも述べたように、一つの提案に対して、少なくとも相手は「イエス」か「ノー」の返事を持っています。そうであれば、自分の提案にもいくつかの選択肢を考えておくことが必要でしょう。「後ろに並んで下さいますか」と言うこともできれば、「今、お急ぎですか」とも言えます。「声を落として下さい」でもいいし、その場を立ち去ってもいいわけです。つまり、その状況にふさわしい提案をしてみることですが、それは結論ではなく、そこから話し合いを始めるつもりになることです。相手は同意するかもしれないし、同意しないかもしれないことを覚悟して話し出すしかないし、同意されなかった時は、次の提案をしてみることもできるのです。

4　ことば以外の信号を活用するスキル

ことばでは表現できないニュアンスを伝える

ところで、人間は、コミュニケーションをするためにことば以外にもさまざまな信号を使います。それは黙っていることも含めて、非言語的な形で表現されるものです。たとえば、身ぶりや手ぶり、表情、目つき、姿勢、服装など、目に見えるものです。また、声の高低や調子、早口やとつとつとした語り口、ため息や震える声、せきを切ったような話し方やうわずった声などの耳に聞こえてくるものも、ことばでは表現できないさまざまなニュアンスを伝えてくれます。

アサーションは、言語的な表現と非言語的な表現が一緒になって成り立ちます。言語的に明確な表現でも、非言語的なものの影響で相手に伝わりにくくなることもあります。たとえば、下を向いて、小さな声で話せば、いくら率直に言ってもそう聞こえないかもしれません。一方的に話し続けたら聴いてもらえないでしょうし、怒りをぶつけるように言うと逃げられてしまうかもしれません。

言語的表現と非言語的表現が一致した時、不一致の時

言語的表現と非言語的表現が一致した時、人の伝えたいことはより分かりやすくなります。聴いてもらいたい時は明瞭に、困った時はうなだれて、断る時はよそよそしくなく、ただしはっきり言うことです。真剣な時は視線は相手に注がれ、表情もまじめになるでしょう。リラックスした時は、表情はなごみ、姿勢はゆったりしているでしょう。

声の大きさ・高低、話し方のスピードや区切り方、抑揚のつけ方などは聴覚的アサーションの要素です。とぎれとぎれに話したり、「えーと」などのことばが多かったりすると、アサーティブに聞こえないこともあります。逆に、早口で話してしまうと、聞きとりにくかったり、「聞き流して下さい」というメッセージに受けとられるかもしれません。

非言語的要素には目に見えるもの、視覚的要素もあります。視線、表情、姿勢、動作、髪型、装飾などは、やはり話していることに大きな影響を与えるでしょう。

この二つの要素が言語表現にうまく一致すると、メッセージはより有力に伝わるでしょ

う。

逆に、話していることと非言語的な要素が不一致になると、メッセージは伝わりにくくなるばかりか、相手を戸惑わせ、ときには苦しめることにもなります。たとえば、目はにらんだような厳しい視線になっているのに「いい子だね」とか、にこにこして「腹が立った」と言われても困るでしょう。いやいやながらほめてみても、相手には皮肉に聞こえるかもしれませんし、いきなり黙られたら、考えているのか、返事がしにくいのか、腹を立てているのか分からなくなります。

自己表現には、非言語的な要素も大きな影響を与えますので、常に気を配り、伝えたいことに合った態度をとることが大切です。

♣

Chapter VII

自己表現を磨く日頃の心がけ

——アサーション・トレーニングのポイント

私たちの会話は「情報の交換」、すなわち、考えや気持ちのやりとりで成り立っています。その情報は、確実で明確な事実や内容を伝えようとするものから、事実や内容にともなう気持ちや状態、その内容に付随したイメージや雰囲気を伝えようとするものまで、非常に複雑です。理科の実験や仕事上のやりとり、課題達成のための討議などでは、必要なことが要約され、正確で分かりやすい情報の交換が必要です。しかし、日常の会話では、事実や内容だけが伝わればよいということはなく、その事実を伝えようとする意図や情報にまつわる気持ち、情報をとりまく文脈などがより重要になります。

第VI章のことば以外の信号の項でも説明したように、「目は口ほどにものを言う」ことがあるのです。したがって、アサーションを実践するためには、**言うことだけでなく、言い方にも気をつけていくことが大切**です。この章では、実際の会話や人間関係の中で、どのような表現を心がけると伝わりやすいのか、言語と非言語の調和はどのようにすればよいのかなどについて、具体的・実践的なヒントを示します。

1　会話をはずませる3つのヒント

まず初めに、人間関係の要、会話やコミュニケーションの前提について述べます。特に自己表現が苦手な人、人間関係がうまくつくれない人は、次に述べる前提に気づかなかったり、忘れていたりするので、しっかり覚えて、実践に役立てましょう。

会話の上手な人は「おまけ」の情報を提供する

私たちの会話は、「情報の交換」で成り立っていますが、そのやりとりをものの「売り買い」にたとえて考えてみます。発言した人の「支払い」に見合う「商品」を渡すといったやりとりです。質問と答え、意見と反論などの交換は、支払いと品物のやりとりに似ています。支払（問い）と商品（返事）のやりとりは、ある程度のつり合いがとれていることが大切で、それでコミュニケーションが成り立ったと考えます。つまり、言いたいこと、ききたいことがきちんと発せられ、それに対しての答えが返ってこない限り会話にはならないわけです。

ところが、その基本にあまりにも忠実になり過ぎると、会話は味気ない、通り一遍のやりとりになってしまいます。

次のような経験をしたことはありませんか？　喫茶店で友人と雑談をしていたり、立食形式のパーティで会った人との会話などで、話がとぎれとぎれになってはずまず、何となく居心地が悪くなるようなことです。たとえば、友人に会って「元気？」「うん、元気よ」、「この前の日曜日、どこか行った？」「デパート」、「どこの？」「新宿」、「何買ったの？」「靴」、「どんなの？」「サンダル」といった具合です。

また、初対面の人との会話で、「こんにちは、初めてお目にかかりますが、どこからいらっしゃったのですか」「札幌です」、「ずいぶん遠くからいらっしゃったのですね」「はい」、「どんなお仕事をしていらっしゃるのですか」「営業です」、「仕事は大変ですか」「はい、とても」、「いつまで東京にはご滞在ですか」「明日までです」というものもあるでしょう。

2つの会話とも、必要なことのやりとりは、確かにできているのですが、お互いの気持ちは分かりにくく、親しみはあまり感じられません。「支払い」の質問に見合う「商品」の答えは返っているのですが、何となくぶっきらぼうです。こんなやりとりでは会話ははずまないのです。

このやりとりの限界は、もう少し多くのものを期待して買おうとした支払いに対して、ギリギリのものしか返していないところにあります。つまり、「おまけ」や「ただ」の情報を出し惜しみしているのです。

「この前の日曜日、どこか行った?」と言われた時、「デパート」だけでなく、「バーゲンやってたので、○○デパートに行ったのよ」とか「何買ったの?」に対しても「サンダル買ったんだけど、気にいったのが安くて、すごく得しちゃった」と言ってもいいでしょう。また、「あなたは、どう過ごしたの?」とき返すと、質疑応答にならなくてすみますし、双方通行の対話になります。「どこからいらっしゃったのですか」に対しても「札幌です」だけでなく、「札幌なんですが、営業やってますので、月一回は東京に来るんですよ」とか「札幌です。あちらはまだ寒いんですが、こちらは暖かいので気分がいいです」などと言ってみてもよかったのです。

つまり、几帳面で真正直なやりとりだけでは、必要最低限の情報は流れても、プツン、プツンと切れた会話になり、気持ちや関係は流れていかないのです。いい換えれば、私たちの会話には、その場に関係のある「おまけの情報」や「ただのお返し」をつけることが大切なのです。人間関係は、物理や経済の一問一答ではないので、支払いと品物は等価になる必要はないのです。むしろ、無料でも情報を流し、おまけをつけ加えると、気持ちや雰囲気が伝わり、それがきっかけとなって、話はふくらんでいくものなのです。

話のうまい人は、自分を相手に知らせることに躊躇することがないので、相手が興味を持ちそうな「おまけ」や「ただ」の情報をつけ加えて話すようにします。質問に答えるだけでなく、それに関連したことや自分の関心をつけ加えて、相手と共有できる範囲を広げようとします。そして、自分が持っている関心を質問したり、意見を言ったりして、相手に対する関心も知らせます。はずんだり、スムーズに流れたりしている会話は、意識するとしないとにかかわらず、「おまけ」の情報がほどよく加味されていて、「私質問する人」「あなた答える人」といった役割分担が決まってない会話です。

そして、はずまない会話には、次のような思い込みが関係していることにも気をつけましょう。たとえば、「よけいなことは言ってはならない」とか「さしでがましいことを言うと嫌われる」、「年長の人への返事は簡単に」といったものです。このような思い込みをどこでも当てはめていると、会話は単調で、生命の息吹きが感じられない、機械とのやりとりのようになります。

開かれた質問・閉じられた質問

会話の中には、多くの質問や問いかけがあります。前の会話の例は、ほとんど質問と答えとで成り立っていますが、特に初対面の時、私たちはお互いに質問をたくさんさしはさみながら近づいていきます。「おまけの情報」をくれない人に対してでも、質問をうまく使うと話がはずむ方向に転換することがあります。ただし、問いただしたり、責めたりするような気持ちで質問をすると、相手はおどされ、決して会話がはずむことはなく、むしろ険悪になっていくでしょう。自分の質問の根底には、相手への積極的関心と知らないことへの好奇心、不思議に思う気持ちがあることが前提です。

質問には「開かれた質問」と「閉じられた質問」があります。「開かれた質問」とは、問いがオープンになっているもので、答えについては大部分を相手に任せている質問です。具体的には、質問された相手が「はい」とか「いいえ」、一つか二つの単語では答えられないような質問になります。逆に、「閉じられた質問」は、「はい」とか「いいえ」、あるいは数語で答えられるような質問で、返事は限定されたものになります。

先ほどの例の会話を再度検討してみましょう。まず気づくことは、ほとんどが「閉じられた質問」によって問いかけられていることです。会話がはずまない原因の一つは「閉じられた質問」にもあるようです。つまり、「閉じられた質問」には、簡単に答えられる性質がありますので、律儀な人や内気な人は、悪気もなく「おまけ」をつけ加えないことになるのです。

たとえば、先ほどの例で、「この前の日曜日、どこか行った?」のかわりに、「この前の日曜日はどうしてた?」ときくと、答えは「デパート」にはなりません。「どんなふうに過ごしたのか」といった意味の質問には、答える人が日曜日にしたことを何でも選んで答えてよい自由があります。「デパートに行った」話をしてもよいし、「夜見たテレビの話」をしてもよく、質問された人が話したいこと、関心のあること、気持ちなどを話すことができて、話の内容も気持ちも伝えやすくなります。また、「仕事は大変ですか」ではなく「最近、お仕事はいかがですか」とか「お仕事について聞かせて下さい」と言うと、相手の答えたい「仕事の話」が返ってくるでしょう。その中には満足していること、満足していないこと、苦労話、成功話など、さまざまな話題とニュアンスが含まれる可能性が広がります。そこに、その人の特徴やありようが表現されて、さらに期待以上の答えが返ってくることもあります。また、こちらが関心を持ちやすい話題があちこちにちりばめられていることでしょう。ただし、「閉じられた質問」はすべて悪いわけでもありません。「閉じられた質問」の特徴は、はっきり、「はい」とか「いいえ」、「いつ」「どこで」といった明確で、端的な答えが必要な時、ものごとの結果をはっきりさせたい時には不可欠の質問の仕方です。

そして、話し上手な人は、「閉じられた質問」にも要求された答えだけをしないで「おまけ」の情報を加えてくれます。「仕事は大変ですか」という問いに対してでも、「いや、実はこの前とてもいいことがありまして……」とか「ええ、この不況で……」と語り始めてくれるかもしれません。

質問は、「おまけ」の情報が必要な時、ものごとをはっきりさせたい時など、その目的に応じて、適切に使い分けると、上手なインタビュアーのような会話ができるかもしれません。

「聴き上手」は対話の潤滑油

会話とはいつもしゃべっていることではありません。話す人は、必ず聴いてくれる人を必要としますし、第Ⅳ章でも述べた通り、「聴くこと」は会話の両輪の一つなのです。会話に加われないとか、話ができないといった悩みを持っている人の中には、しゃべろうとしすぎるあまり、あるいは人の話を聴く気持ちがないために、「話せない」ことだけにこだわっている人がいます。また、特に話すことや話題がないと、会話に加わってはいけないと思っている人もいます。

そんな人は、ここであらためて「聴くこと」の重要性を再認識してほしいと思います。つまり、会話には「話し上手」と「聴き上手」が必要なことを覚えておきましょう。自分には話すことがない時、相手が話したいように見える時は「聴き上手」になりましょう。七九ページで「きく」には三種類の違った字と意味があることを述べましたが、相手の言いたいこと、分かってもらいたいことをきちんと「聴く」ことは、何にもまして相手を大切にしていること、相手を受け入れようとしていることを伝えることになるのです。相手の話を「聞き」流さず、積極的に「聴く」ことができれば、必然的に適切な質問（尋くこと）が出てくるでしょう。そして、世の中には話したがり屋さんの方が多く、きちんと聴いてくれる人は少ないので、聴きながら話す態度を身につけたいものです。

「聴く」ことは消極的なことではなく積極的な態度です。相手に身体や視線を向け、うなずいたり相づちを打ったりして、時々質問をはさみながら聴いている姿勢は、話し手にわかってもらえている爽快さを感じさせます。また、複雑で困難な悩みや、腹立たしい体験談などに、感心したり、感動したり、共感したり、同意したりして聴いてくれると、それだけで胸のつかえが下りる思いがします。逆に、そっぽを向いたり、なま返事をしたり、自分の関心だけから出ている的はずれな質問や意見を言ったりすれば、相手に関心を持ってないことが見え見えです。「聴き上手」は対話の潤滑油なのです。

2　苦手な場面でアサーションを活用する

会話の2つの場面

私たちの日常は、さまざまな意図を持った会話で成り立っています。この章の初めにも述べましたように、私たちの会話は「内容」や「話題」の交換であると同時に「関係」や「情緒」の交換でもあります。前者は「内容伝達の会話」とか「課題遂行の会話」、後者は「関係維持の会話」とか「プロセスをつくる会話」と呼ばれます。そして、私たちの会話には、常にこの2つのレベルのやりとりが存在しているのです。

つまり、私たちのコミュニケーションには、内容を伝達する機能とかかわりをつくる機能があり、前者はものごとを論理的に考えたり、目的に応じて推進したり、問題を解決したりする側面、後者は人間関係をつくったり、推進したりする側面と考えることができます。そして、この2つの機能が時と場に応じて適切に生かされることが、話し合いをうまく進めるコツです。つまり、場面によって前者が強調されたり、後者が強調されたりする必要があるのです。したがって、もし、どんな場面でも片方の機能に偏った会話しかできないと、苦労することになります。

2つの場面を区別し、それぞれの特徴に応じた自己表現を工夫しましょう。以下に、それぞれの機能を典型的に示す場面をとり上げて、その特徴と自己表現のやり方のポイントを解説していきます。

「関係維持の会話」は、典型的には「社交的な場」での会話であり、パーティや雑談の場が好きな人が上手です。「課題遂行の会話」とは、「会議や議論の場」での会話に代表され、ゼミや会議で討論するのが好きな人が得意です。

社交場面でのアサーション――人間関係をつくる会話

社交的な場面の主たる目的は人間関係づくりです。宴会、パーティ、コーヒータイム、食事などの場は、何かものごとを解決したり、議論するというより、人々が出会い、関係をつくったり、深めたりするために活用されます。つまり、このような場では、人づき合いのためのアサーションが必要になります。どんなに社交の場が嫌いな人でも、人間は独りぼっちでは生きていけないゆえに、出席しなければならない場、人間関係を避けられない事情、関係維持の努力が必要な時、などがあるものです。そんな時、関係維持のための会話のポイントを覚えておくと、それほど苦ではなくなります。

まず、このような場の特徴は、会話の進行役をとってくれる司会者もおらず、話題も決まっていないということです。したがって、自分が進行に加わり、話題を提供することが必要です。また、誰もが会話を終える責任を多かれ少なかれ持っていて、特に二人の会話の場面では半分はあることになります。つまり、社交的な会話では、少くとも、会話の始め方、続け方、終わり方のコツを心得ていることが大切です。

① 会話の始め方・会話への加わり方

まず、司会者がいない会話では、自分が話を始めるイニシアティブをとる責任を覚悟することが必要です。もちろん、人が声をかけてくれる可能性も半分はあるのですが、自分から会話を始める責任も半分はあるのです。

誰でも思い浮かぶことは、挨拶をしたり、自己紹介をすることでしょう。初めての人に会う時は、お天気の話や会場の雰囲気、その会の目的など、相手と共通にわかち合える話題から入ったり、自己紹介をすることは、スムーズに会話を始める第一歩でしょう。食べ物や飲み物を勧めたり、相手の持ち物や身につけているものをほめることも、会話を安全に始める道筋づくりに役立ちます。

数人の会話の中に入る時は、話題を提供している人に質問をしてもよいでしょうし、自分の意見を言ってもよいでしょう。一人で入りにくい時は、誰かを誘ってもよいでしょうし、「入ってもいいですか」とか「入れて下さい」といった会話に加わりたい気持ちを言うことも効果があります。

そして、会話を始める時は、モジモジしないで、身を乗り出して、声を少し大きくして、入りたい気持ちを表現することが肝心です。

② 会話の続け方

社交的な会話を続けるコツは、あまり論理や筋道にこだわらず、話題をリフレッシュすることです。「関係維持の会話」が「課題遂行の会話」と違うところはここにあります。

つまり、関係をつくるための会話には、論理的であるとか、問題を追求するとか、結論を出すといったことは必要でなく、むしろ、多様な関心や意見をわかち合えること、誰もが何でも言えることが大切です。つまり、「課題遂行の会話」に必要な、ある目的に向かって能率よく一直線に進むとか、明確な結論や解決策を出すといった努力は不要なのです。

だから、関係維持の会話では、一つの話題についてあちこちから、いろいろな見方や意見が出ることが大切です。たとえば、あるプロ野球チームについて話している時は、成果だけでなく失敗も、ある一人の選手のことだけでなく他の選手のことも、好意だけでなく反論もといった具合に、話の内容は変わっていく方がおもしろいのです。

さらに、話をリフレッシュするには、話題を変える必要もあるかもしれません。野球の話題にいつまでもこだわっていると、そのうち話は尽きてしまいます。前の話題が一段落したら、あるいは自分が話題を出したくなったら、ちょっとした話の切れ目をつかまえて、新たな話題を導入することも大切です。これも「課題解決の会話」では、「話を飛ばす」とか「関係ない話をする」と禁じられていることですが、「関係維持の会話」ではむしろ奨励されます。前の話の結論を出す必要はないわけですし、話が飛んだとしても、戻りたければまた戻ればいいのです。新たな話題は、新たなメンバーの参加を促したり、場を盛り上げたりして、関係を活性化することに貢献し、歓迎されるでしょう。

ただし、話題を変える時には、「ところで、話は変わりますが……」とか「今の話とは関係ないのですが……」「それはそうと……」といった前置きを入れましょう。そうすることで「これから話を変えますよ」という合図を送ることになり、相手にとって不意打ちにならない配慮ができます。そして、「関係維持の会話」の話題には、暗い話や危険な話は避けておくことが安全です。

話題を変えることには、多少の勇気がいるかもしれません。それができるようになるためには、日頃から世の中で話題になっていることや自分が話したいことについて、ある程度準備しておくことも必要です。話というのは、自然に沸いてくるものではなくて、日頃の自分の関心ごとやある程度の知識、そして、特に自分の気持ちを確かめる努力によって生まれるのです。それが実って、話に厚みや深みが増し、人の心を打つもの、興味を起こすものになるのです。

③　会話の終え方

社交的な会話の下手な人は、話を切るのが苦手です。人を訪ねても、なかなか立ち去れなかったり、パーティでいつまでも同じ人と話をしていたり、うまく別れられない人は多いものです。そんな人は、おそらく関係を切ることや別れることに未練があったり、相手との話を自分が切るのは失礼だなどと思っている可能性があります。司会者が終わりを告げてはくれない社交的な会話では、話を切るのも自分の責任でするしかありません。

つまり、別れのことばは、気持ちを込めて、しかしはっきりと言うことが大切です。もし、会話を切っても関係を切りたくない場合は、「また会いたいですね」とか「あとで電話します」とか「残念だけど、またネ」といったつなぎのことばをかけておくことができます。また、「今日は楽しかった」とか「時間がないので」とプラスの気持ちを表現したり、自分の事情を伝えたりして、ぶっきらぼうにならないように、いったん会話を終えることが大切です。そして、そのように言った後は、グズグズせず、すっきりと立ち去ることです。すっきりと立ち去ることは、別れに余韻を残し、また会いたい気持ちを象徴してくれるのです。

課題遂行のためのアサーション――問題をめぐる対話

社交的な場面と違って、議論や問題解決の場では、一定の目的に向けて納得のいく話し合いが必要であり、ある程度の合意をもって結論が出されなければなりません。そんな時は、課題解決に必要な自己表現の要素を使って、自己表現のせりふを考えることです。特にこの方法は、アサーションができそうもない時、言い方がわからない時、そして複雑な話に整理が必要な時などにも有効です。この要素については、すでに第Ⅵ章で自己表現の４つのスキルとして述べましたが、ここでは、せりふづくりのヒントとして整理しておきます。

アサーションでは、「ＤＥＳＣ法」と呼ばれるこの表現法は、４つの英語の頭文字をとってつけられました。アサーションは、ＤＥＳＣを身につけることによって上達します。この要素を覚え、手順を練習して、アサーションを心がけて下さい。

まず、自分が対応しようとする状況や問題、あるいは相手の言動などについて、焦点を絞りましょう。それがきまったら、次の４つのステップを使って、言いたいことを整理します。

① 描写する（D＝describe）

第Ⅵ章で、周囲の状況や相手を観察するスキルと述べたところを参照して下さい。ここで抽出する表現の要素は、対応しようとする特定のことがらや相手の言動を客観的、具体的に描写することです。たとえば、そろそろ電話を切りたいと思った時、「十二時を過ぎた」とか「一時間話した」といったことです。ここでは、相手も自分も明確にわかり、了解できる事実や現象を描写することが大切です。「もう十二時になった」とか「一時間も話している」というような、自分の気持ちや見方が含まれた表現は避けます。

② 表現する・説明する・共感する（E＝express, explain, empathize）

第Ⅵ章で、自分の気持ちを正確にとらえるスキルとして述べたことです。ここで抽出する表現の要素は、状況・ことがら・相手の言動に対する自分の主観的気持ちです。電話を切りたいと思った時、「満足した」「楽しかった」「疲れた」「もっと話していたいが……」とか「あなたも疲れたのではないか」「あなたは眠いのでは……」「まだ話を続けたいようだが……」といったことです。これは自分の主観的な感じですから、「私は……」と、私を主語としたせりふとしてつくることが大切です。これを「私メッセージ」と呼ぶこともあります。

③ 提案する（S＝specify）

第VI章の要求や希望を明確に表現するスキルです。ここでは、相手に提案したい言動、相手に望む動きを明確にして言語化します。その提案は、具体的で、現実的で、相手が可能な言動であることが重要です。提案をする時は、一つのだけではなく、二、三の案があることが助けになります。電話を切りたい時には、「この続きは明日にして、今日は切ろう」とか「そろそろ話を終わりにしよう」「詳しくは手紙で書く」といったことで、相手とその場に合った提案を考えることが大切です。

④ 選択肢を考える（C＝choose）

第V章で、アサーションは、自分の言ったことに相手から「イエス」「ノー」のいずれかの返事が返ってくることを覚悟した態度だと述べましたが、4つ目の要素は、相手の意見や返事に対する自分の選択肢を用意することです。つまり、相手の言い分も聴こうとする姿勢から生まれる対応の準備です。電話を切りたくて「そろそろ話を終わりにしよう」という提案をした時、相手から「そうだね」とイエスの返事が返ってきたら自分は何と言うか、逆に「まだ話したい」とノーの返事が返ってきたら何と言うか、と相手の反応に対する自分の次の対応を準備することです。「そうだね」と言われたら「楽しかったよ。これでゆっくり眠れる。電話ありがとう」と言う。「まだ話したい」と言われたら「あと十分でいいか」と言ってみるとか「明日でもいいか」と聞いてみるとか「じゃ、いいよ」と同意するといった自分の妥協案です。「イエス」と「ノー」の両方の返事への対応を準備しておくことは、話し合いをアサーティブに進める気持ちの余裕をつくり、合意した時のうれしい気持ちの表現力、さまざまな妥協案をさぐる思考力、そして歩み寄った時の感謝やいたわりの気持ちへの気づきを増進してくれます。

「問題解決のアサーション」では、観察可能なデータを使った描写、気持ちを正確にとらえた「私メッセージ」、その2つの要素から生まれる実現可能な提案、そして、提案への相手の反応に対する自分の心と言動の準備が必要です。この4つの要素を抽出する練習をくり返すことがアサーションが上手になるコツです。

♣

Chapter Ⅷ

自分とつき合うことのおもしろさ

——自己表現の上手な人は、自分とのつき合い方もうまい

しばらく自己表現について考えてきましたが、さて、ここで再び、自分とつき合うことにもどりましょう。自己表現と自分とつき合うことにはどんな関係があるのでしょうか。自己表現とは、自分の思いを明確にし、その思いを率直に、素直に言ってみることですから、それができること自体、自分とうまくつき合えていることになります。そして、自己表現には、自分も相手も大切にするという要素がありますので、相手について考えることも必要です。

私たちの相互理解がむずかしいのは、人間がそれぞれの枠組みや特徴を持って生きていて、みんなが違うからですが、だからこそ、私たちは自己表現をする必要があるのです。自己表現をすれば、相互の違いはもとより、似ているところ、同じところなども明確になります。他者との相違点や類似点は、比較の材料となり、自己理解を促進してくれます。自己表現は自分とのつき合いに役立ち、自分とつき合っていると自己表現がしやすくなります。自己表現と自分とのつき合いは、相互に影響し合い、あいまって自己成長をうながしていくでしょう。そして、他者とのつき合いにも貢献するでしょう。

この章では、自分とのつき合いをする上で、特に強調しておきたい要点を拾い出し、全体のまとめとしたいと思います。

1 違いを認める――他者と自分はもともと違う

ものの見方や受けとめ方は千差万別

私たちの相互理解を阻害し、それぞれの人が自分らしく生きられなくなる第一の要素は、個人のものの見方や受けとめ方が千差万別であるということを十分わかっていないことから起こります。

人は同じことが起こっても違った受けとり方をします。

今、家の外で異常に大きな音がしたとしましょう。ある人は「うるさいな」と気分を害し、ある人は「大丈夫だろうか」と心配し、ある人は「何が起こったのか」について知りたがるかもしれません。「何が起こってその音になったのか」と原因を特定したい人もいれば、「えっ、おもしろそうだ、どれどれ」と思う人もいるでしょう。あるいは、胸がどきどきして不安になる人もいるかもしれません。

心理学の本によく出てくる絵を見てみましょう。図4の「ルビンの壺」と呼ばれる絵は、二通りに見えます。真ん中の白い部分が前面に出ている時は壺で、黒い部分は背景になり、黒い部分を前に引き寄せると人の横顔が向き合っていると受けとれ、白い部分は背景になります。また、図5の「ネズミと男」の絵も二通りに見えます。ネズミに見える時は耳だったところが、男の人ではメガネになっています。いずれの絵も、一時に一通りしか見えませんし、人によっては一つしか見えないこともあります。

つまり、同じものを見ていても、時と場合によって、人によって、違ったものが見えるのです。もし、壺しか見えてない人と二人の向き合った横顔だけを見ている人が話をした

図4　ルビンの壺

図5　ネズミと男

らどうなるでしょうか。ネズミと男の人についても、どちらか一つしか見えてない人同士が話を始めると、おそらく混乱するでしょう。同じ絵を見ているにもかかわらず、まったく違ったものを見ているわけですから、話は合わないでしょう。

このように、同じ音や絵に対しても、その人の特徴や置かれた状態によって違う反応をするのが人間です。つまり、あることについてだれもが同じ理解と反応をするとは限らないのです。

この現実を分かっていないと、自分と異なる反応をする相手を変だと思ったり、逆に相手と違っている自分は変なのかと思ったりします。そんな時相手は、これからコミュニケーションをかわす人というよりは、脅威を与える人に見えてきます。また、違っているとコミュニケーションは成り立たないと思ったり、同じであることが分かり合えることにしてしまう可能性もあります。

人間は、ほとんど同じ機能を持ってこの世に生まれてきてはいるのですが、大げさにいえば、人の数だけ感じ方やものの見方があり、お互いに違っていてあたり前と思っている方が、驚いたり、脅威に感じたり差別したりしないですむのです。

違いはまちがいではない

先ほどの音や絵に、人が異なった反応をすることはあたり前ですが、時に、ある瞬間、互いに相手がどうしてそんな反応をするのか分からないこともあり得ます。しかし、どちらもまちがってはいないのです。だからこそ、自分の見方を伝える必要があるわけですし、違いがあればお互いにそれを分かろうとすることが大切です。

違いを脅威と感じてしまう人は、自分らしさを知るチャンスも関係を始めるチャンスも失ってしまいます。違いを受けとめる用意ができていないと、違いを認めにくくなりますので、違いはかえって障害になることにもなります。なぜなら、違いを受けとめる気持ちがない時、違っているものは、不必要なもの、とるに足りないものとして過小評価されたり、また怖いもの、邪魔なものとして捨てられたりしがちになるからです。それに、いわれのない差別意識が生まれます。

違いが認められないことは、自分らしさがつかめなくなることでもあり、それではどんな自分とつき合えばよいかも分からないでしょう。

2 違いを大切にする――人と違うからこそおもしろい

相手も自分も大切にする

相互理解や自分とのつき合いを困難にする第二の要素は、私たちの人に対する姿勢です。人の違いを大切にし、誠実に、正直にかかわろうとしているか否かは、私たちの自己表現やコミュニケーションにあらわれます。あなたは相手を大切に思っているでしょうか。同時に自分をも大切にしているでしょうか。

相手も自分も大切にしようと思っている人同士は、違いはあたり前のことですから、関係から逃げようとはしないでしょう。違いがあるために何か問題が起こった時は、そのことを話し合おうとするでしょうし、誤解が生じた時も、正しい理解に到達しようと努力したり、協力したりするでしょう。自分とは違った意見や感想が返ってくれば、そのことに関心や興味を持つでしょう。相手から予想に反した答えが返ってきた時は、そのことに好奇心は持っても、憤慨したり、話し合いをやめたりしないでしょう。違いがあたり前のことであるならば、そのことにそれぞれの人が責任を持ち、その責任をわかち合おうとするはずです。

違いはそれぞれの個性

大恋愛をして結婚した夫婦なのに、大喧嘩のあげく、別れてしまうことがよくあります。そこまでのいきさつにはさまざまな要因が絡まっており、単純に一つの問題点だけを指摘することはできませんが、よく起こっていることは、夫婦がお互いの違いをわかち合うことができない問題です。

新婚旅行先で訪ねたい場所が一致しなかった、あるテレビの番組を見ようとしたら相手は違う番組を見たいと言った、ゆっくりくつろぎたいのに相手は出かけようとする、などなど、毎日一緒に生活しはじめてみると、夫婦はお互いの違いを知らされるたくさんの出来事に出会います。そのようなことは、親友同士でも、一緒に長くつき合うことになる職場の人間関係でも同じです。

違いは問題、一致しないことは仲が悪いこと、一致しないと面倒、一致しないことは相手を大切にしていないこと、などと思っている人にとって、違いはまさに問題であり、脅威になります。ひいては、違いは反抗の表現ととられたり、愛されてないことになったりして、その関係から逃げたくなり、別れ話につながるわけです。

もし、違っていることはあたり前と思うならば、違いはいわば個性ということになります。個性ならば、お互いに大切にしようとするでしょうし、大切にする方法をさがし合うでしょう。一致しなかった時は、歩み寄る話し合いをするでしょうし、無理に一致させる必要も感じないかもしれません。別々の行動をとっても、思いがけない反応があっても、お互いを大切にしてないことにはならないからです。

違いに責任を持つ

まったく違った性格の者同士でも、仲良く、うまくやっている人たちは、むしろ相手と自分の違いに魅力を感じ、それを大切にしようとしている人たちです。時には、理解の行き違いがあったり、調整を必要としたりしても、お互いに自分も相手も大切にしようとしているので、その思いが強い支えになって、面倒がることはありません。一致しないことに不安はないので、一致しようと自分を曲げたり、相手に無理に合わせたりすることもなく、だから関係も長続きするのです。

つき合いやコミュニケーションに自分から責任をとろうとするならば、むしろ違いは大切なことになるでしょう。違いに責任を持つことが自分とつき合うことでもあるのです。その上で関係を積極的にとろうとすることができるのです。

自分と人との違いを認め合い、違いに責任をもつことは、私たちのつき合いの出発点であり、関係のおもしろさをつくる基礎です。その姿勢がない時、関係はぎくしゃくしたものになり、自他尊重・相互理解は損なわれるでしょう。

3　自己理解の歪みに気づく——フィードバックをもらおう

自己理解の歪みは他者理解も歪める

自分とのつき合い、そして他人との相互理解が困難になる第三の要素は、自己理解の歪みです。人が違いを理解し合うには、まず自分がどんな人間かをしっかり理解していることが前提になります。しかし、第I章でも述べたように、自己理解というのは不安定なものであり、自分の特徴を反映してしか自分を分かることはできないという矛盾を含んでいます。

たとえば、自分のことをダメな人間だと思っている人は、他人もそのメガネで見ることになります。つまり、ダメなことがバレないように他人に対して防衛的になりますので、他人は自分を責めたり、自分に恐怖や劣等感を感じさせたりする人のようにとらえがちになります。結果として相手を正確に理解することが妨げられます。

逆に、自分は優秀な人間だと思っている人は、優秀さを鼻にかけ、優越感を振りまわすかもしれません。自分の知っていること、できることは、人より優れていて正しい、他の人の考えや言動は劣っていてまちがっていると錯覚することもあり、違いは優劣だけとは限らないことに気づいていないのです。そんな人も、他者を正当に理解することはできないでしょう。

自己理解度は対人関係を左右する

さらに、自己理解の歪みは、他者理解を歪めるだけでなく、対人関係にも影響を与えます。たとえば、自己評価が低い人は、権威のある人の強い意見に出会うと、自分の特徴や居場所を見失い、相手に屈することになりがちです。また、選択をしなければならない時、自分の基準で選ぶことができません。それは、他者依存的態度を引き起こし、対等な人間関係がつくりにくくなります。

逆に、自己評価が高過ぎる人は、自己本位でものごとを判断し、ものの見方が偏っていても、それが正しいと考えています。正当な意見を軽視して、強引にものごとを進めて平気だったりするので、嫌われたり、敬遠されたりします。

このように、自己理解の歪みは、他の人やまわりの状況の受けとり方の歪みを引き起こし、人間関係をも左右するのです。

他者からのフィードバックは自己理解の貴重な材料

このような自己理解の歪みを少しでも是正するためには、自分一人の自己理解で満足しないことです。私たちは自分の背中を自分で見ることはできないように、自分一人では自分についてわからないところが残ってしまうのです。自分が気づいてないくせ、自分では他人に隠していると思っているところ、自分が他者に与えている影響など、自分には見えてない自分はたくさんあるものです。そんな自分は、他者にきいたり、他者から指摘してもらわなければ知ることはできません。

他者が自分について気づいていることや知っていることを自分に伝えてもらうこと、自分が相手について気づいていることを相手に伝えることをフィードバックといいます。正確にいえば、自分が与えた他者への影響がどんなものだったか返してもらったり、相手が与えた自分への影響がどんなものであったかを返すことです。

フィードバックは、自分や相手が気づいたことや理解を伝えることですから、そもそも自己理解には歪みがあることからすると、決して正しいことや、歪みがないことが返ってくるわけではありません。フィードバックは、自分や他者の理解を伝えているだけであり、自己理解のための参考意見でしかないのです。しかし、非常に重要な参考意見です。特に、多くの人が同じフィードバックをしてくれた時、そのフィードバックはあなたについてのかなり共通性のある、正当な見方であり、貴重な自己理解の材料と思ってよいでしょう。

フィードバックの留意点

フィードバックをする時は、「DESC法」のDとEを思い出すと役に立ちます。つまり、観察可能な具体的なデータの描写（D）と、それに対する自分の感じ（E）を伝えることです。「あなたの言い方は何となく暗い」とか「あなたの話はおもしろい」と言うよりは、「下を向いて、小さな声で話したので、暗い印象を持った」とか「あの失敗談には思わず笑ってしまい、そして考えさせられました」と言った方が受けた相手に分かりやすく、また、行動の修正や自己成長に活用しやすいでしょう。

そして、フィードバックには、マイナスの面だけでなく、できるだけ相手が気づいていないプラスの面、ほめたいことを入れるようにしたいものです。ほめられたことは、ますます伸び、自分らしさの強化につながります。

また、フィードバックを受けた時、基本的に内容の選択は自由です。自己理解や行動修正に役立つもの、とり入れたいもの、納得いくもの、活用できるものを選んでよいのです。

「1つのものを見るには、2つのものが必要である“It takes two to see one.”」といわれます。自己理解・他者理解のいずれにも二人の人が要るわけです。少なくとも二人によって、一人による自己理解の歪みは修正できるのであり、フィードバックをくれる人がそばにいる人は幸いだといえるでしょう。

4　自己開示をためらわない
——自分を出すことは自分の欠点がバレること？

本音のつき合いができない人たち

自分とのつき合い・相互理解を困難にする第四の要素は、自分の伝えたいことを明確に表現しないことです。自分の考えていること、感じていることを相手に伝えようとすることを自己開示といいますが、自己開示をしようとしないことは、自分とつき合っていないこと、相手と理解し合うつもりがないことになります。

自分を出すことは自分の欠点がバレることだと思っていると、欠点を知られたくないので、自分を隠そうとします。そんな人は、多くを語ろうとせず、特に自分の意見や感情を表現しません。また、自分を良く見せようとし、本心を隠して、いい人のふりをし、お世辞ばかりの会話をしがちです。結果としては、その人の一部だけしか見せないので、より深い相互理解は進みませんし、友人もできにくくなります。見せていない自分の残りの部分は、相手に分からないばかりか、自分自身がつき合うこともむずかしくなります。

自分を見せることは傷つくことだと思いこみ、自己開示を恐れている人は、安全を確保するために、さしさわりのないことや自分には関係のない情報交換だけで会話を埋めようとします。また、相手に合わせ、同じ意見であるかのようにふるまい、本音は出さないようにします。ある雑誌に○○がおいしいと書いてあったとか、新しい店がオープンした、○○さんが失恋したなど、情報とうわさ話で会話は進みますが、話している本人のことはほとんど分からないのです。そんな人には、周囲の人は、近づく気にならないかもしれません。

自己開示をせず、外見にばかりこだわって、格好よく見せようとか、一発で的確に言おうとか、言わなくても分かってもらいたいとか、嫌われないようにしたいといった気持ちを持っている人は、表現は画一的になり、その人らしさはほとんど見えないでしょう。つまり、本音のつき合いはできないことになります。

自己開示はありのままの自分を見せること

自己開示は、ありのままの自分、自分らしさを見せることです。

自己開示が少ない会話、自分とつき合っていない人の会話は、自分と関係のない情報の交換、人のうわさ話、状況説明だけの長話などになりがちです。さしさわりのない話なので、お互いに傷つきもしないかわりに、おもしろみも、深みもない会話になってしまいます。そんな話しかできない人同士は、いくらつき合っても、親密にはなれないでしょう。いい人だと思われ、人から近づいてほしくて自分を隠したのに、人と近づけないといった皮肉な結果に終わります。

自己開示を躊躇していると、結果的にあなたは誤解され、また、あなたのありのままの姿は知られないことになります。本当の姿を知らせないで近づいた人々には、さらに本当の姿を知られまいと防衛します。ますます自分の経験や考えを脚色せざるを得なくなり、また、相手の理解に任せた動きをすることになります。それは、誤解を生みます。後でありのままの姿を知った時、相手は裏切られたと思うでしょう。仲たがいや不和はそんなことから生まれます。

自己開示をしないことは、自分で自分に責任をとっていないことでもあり、本人自身も自分を把握することができなくなるでしょう。

自分とつき合うことはおもしろくて、終わりがない

自分とつき合うことは、ありのままの自分を知り、その自分をはぐくもうとすることです。ありのままの自分は、決して完全でなく、理想からほど遠いものです。自分の評価基準で見ると、結構気に入っているところもあるでしょうが、嫌いなところもあるでしょう。嫌いだからといってそれを捨てることもできなければ、そんなに大きく変えることもできないのが現実です。だから、嫌いなところにこだわるよりも、どうして嫌いだと思っているのかを考えてみることに意味があります。

自分とつき合うことは、好きな自分、嫌いな自分を不思議に思い、解明しようとすることです。また、わかった自分、わからない自分に感心したり、戸惑ったりすることでもあります。そして、日ごとに変わっていく自分、変わっていかない自分に驚いたり、安心したり、失望したりすることでもあります。それは、終わることのない自分とのつき合いであり、かなりおもしろいことでもあるのです。

あとがき

カウンセリングを始めて間もないころ、私はカウンセリングを受けることやカウンセリングの勉強をすることは、自分とうまくつき合えるようになることなんだと思ったことがあります。

カウンセリングを受ける時、私たちは、親身になって共感し、聴いてくれるカウンセラーに、自分の心の中の思いを次第に明け渡すように語っていきます。それができるのは、カウンセリングが、抱きかかえるような安全でゆったりした空間を提供してくれるからであり、私たちはその時の「ありのままの自分」をカウンセラーに開き、同時にその自分を自分で確かめていくことにもなるからです。ありのままの自分が受容された時、私たちは自分以上でも自分以下でもない自分を、自らも受けいれよう、その自分を大切にしようという気持ちになります。また、人間は不完全ですから、自分の過去は失望や理不尽さに満ちており、またそれを過去にさかのぼって変えることはできませんが、これからの自分を変えることはできますから、実現してない自分、よりよい自分を発見していく気にもなれるのです。

自分とつき合うことは、多くの人が日常、さまざまな体験をしながらやっていることですが、カウンセリングでは、それを集中的に、心理学の人間理解の方法を活用して援助します。それは、孤独な一人作業、不必要な遠回りを少なくし、疲弊や不安を軽減する方法です。カウンセリングのエッセンスは、カウンセラーという利害関係のない、専門家の支えがあることで、自分をありのままに見ていくことができることだと言えましょう。

本書は、そんなカウンセリングのエッセンスを、できるかぎり一人作業、自己カウンセリングに取り入れてみようとしたものです。ありのままのあなたとはどんな人なのかを見つけ出すのはあなた自身ですが、自分を見つけるプロセス、自分を見つけた時の気持ち、覚悟、安心などがどのように起こるかを明らかにすることによって、自分を知る勇気、自分を知るプロセスへの積極的姿勢を持っていただきたいと思ったのです。

また、私が二十年ほど前に出会ったアサーションという自己表現の考え方は、今や多くの人に知られ、単なる自己表現の方法というだけでなく、人間の本質、人間の成長の鍵を秘めているものとして理解され、広がり始めています。アサーションは、自分とつき合うための具体的で、積極的な考え方、方法でもあり、いつかカウンセリングとつないで考えてみたいと思っていました。本書はその試みでもあります。

二〇〇〇年という臨界の年を迎えるに当たり、私たちは人間ができることを一つでもやる決心をしたいものです。そのささやかな試みとして、一人ひとりが自分とうまくつき合えるようになることを入れてみるのはいかがでしょうか。

最後になりましたが、本書は、金子書房の真下清氏、永渕美千代氏の数年に及ぶ励ましと支えに援けられて日の目を見ることになりました。お二人の時を得た、親身なご援助に心から感謝致します。

二〇〇〇年一月

著者

†著者紹介
平木　典子（ひらき・のりこ）

1936年　中国東北（旧満州）生まれ。

1959年　津田塾大学英文学科卒業。

1964年　ミネソタ大学大学院修士課程修了。

立教大学カウンセラー、日本女子大学教授、跡見学園女子大学教授、東京福祉大学大学院教授を歴任。

現　在　日本アサーション協会代表。

臨床心理士、家族心理士、認定カウンセラー。

専門は家族心理学、家族関係の心理療法。

主な著書
『新版カウンセリングの話』『カウンセリングとは何か』（ともに朝日新聞社）、『改訂版アサーション・トレーニング―さわやかな自己表現のために』（発行＝日本・精神技術研究所、発売＝金子書房）、『カウンセラーのためのアサーション』『教師のためのアサーション』『ナースのためのアサーション』『日本の夫婦』『日本の親子』（共著書、ともに金子書房）、『カウンセリング・スキルを学ぶ』（金剛出版）などがある。

自己カウンセリングとアサーションのすすめ
2000年３月25日　初版第１刷発行
2023年３月25日　初版第39刷発行

著　者　平木典子　〈検印省略〉
発行者　金子紀子
発行所　株式会社金子書房
〒112-0012　東京都文京区大塚3-3-7
電話03(3941)0111㈹　振替・00180-9-103376
URL　https://www.kanekoshobo.co.jp
印刷＝藤原印刷　　製本＝一色製本

ISBN978－4－7608－2586－8　C0011　Printed in Japan

金子書房の心理学書

親密な人間関係のための臨床心理学

家族とつながり、愛し、ケアする力

編者＊平木典子・中釜洋子・友田尋子

家庭内での葛藤や対立を乗り越えて関係を結びなおそうとする夫婦や親子の事例集。家族のなかで個人が情緒的自立を実現するために援助職者にできることとは何かをさぐる。

◇目　次◇

Ａ５判／並製／192頁　定価 本体2,000円＋税